一鸣西藏

油画家范一鸣的艺术与生活

余泽民 著

山东画报出版社

三个人的风马旗
——序《一鸣西藏》

白　描

    这是一部画传，作家写画家的文字。
    先认识作家余泽民。那是多年前，定居匈牙利的他正闷头写作。大学本科他学的是医科，研究生读的却是音乐学院的艺术心理学，1991年去了匈牙利，当过诊所医生、插图画家、大学老师、报社主编、翻译、家教、导游、演员，甚至还干过果农蒜农。他在多个领域游走闯荡，既是为生计，也是试探他的才能，最终选择了文学。最先为人所知的是他的翻译。2002年诺贝尔文学奖获得者、匈牙利作家凯尔泰斯的《英国旗》《命运无常》《另一个人》《船夫日记》等作品，是他翻译成中文介绍给中国读者的。就是在这个时

曼陀罗（粉笔画草图）
2015

生命的意义之曼陀罗
234cm×130cm
2015

候，我们相识。后来他的中篇小说《匈牙利舞曲》《火凤凰》等，先后在《当代》《十月》等刊物发表，也出了书，我曾为他的第一部中短篇小说集作序。随后他又出版了长篇小说、散文集等。他每次从匈牙利回国，我们都有接触，有时还会进行一些较深入的交谈。他是一位有着细腻艺术感觉而且很有怀抱的作家。

认识范一鸣也有十年了。最初的印象，他嘴拙，不善言谈，但眼睛很干净、很生动，天庭饱满光洁，下颌棱角分明。孔子曰："刚毅木讷，近仁。"我知道这种人聪慧，心地善良，信念坚定，往往能成事。后来熟悉了，知道他每年几次去藏地采风、写生，又去画室欣赏了他那些藏地题材的画，震撼之际，脱口把德国古典艺术评论家温克尔曼评价古希腊艺术的那句名言送与他："高贵的单纯、静穆的伟大。"我以为他的画作，配得上这样的评价。

也许是惺惺相惜，余泽民和范一鸣，一见如故，聊得很投机。余泽民曾做过插图，范一鸣又素喜音乐，专业和情趣彼此重合，便有聊不完的话题。他们都是对艺术极有见地的人，眼头子都不低，这种交往交流，自然相互砥砺，相互得益。呈现在我们眼前的这部画传，既记录了两人的交情，介绍了范一鸣的生活、情感、从艺经历、艺术追求，又刻画出了画家峻峭深冷的精神世界，在描画画家的过程中，作家的欣赏眼光和审美价值支撑同时得以表现，这是诗情与画意的交融，是两个人心血的写照，是两个朝圣者的诵经。

范一鸣的重要作品画的都是西藏。余泽民如此评价："凡是看过一鸣作品的人,都会被他刻画的超时空的凝重所震动。他用沉实浪漫的色彩、肌理入微的笔触和二度半空间的绘画语言悉心经营出一个永恒的精神世界。在那个世界里,不闻尘嚣,不见物欲,希望如暴风雨一样真实,沉郁的天光下彰显灵魂的纯净,他找到的是现代人失去的乐园。"他在书中引述了画家贾德江先生对范一鸣的解读:"画家表述的方式是直接而深刻的,没有任何矫饰、扭捏与哗众取宠。倘若深入一步阅读范一鸣的西藏系列,就会发现,它们中的一部分作品潜藏着更深一层的内涵,即一个现代人对原始生命力所具有的那种既敬畏又崇拜、即渴望又疑惧的复杂心理。正是这种心理折射,使得画面变得扑朔迷离、神秘多姿。他的作品日臻完善,在造型的严谨、准确,个性的凝练、冷峻,器物、形体的质感表现等方面,都显示出他在高超技术下的古典形态和现代观念的追求,他正在步步迈向他心目中那纯正的古典味和现实主义相融合的精神指向。"这些评价,我以为都是中肯和颇有见地的。

还有一个人,不能不提,他叫魏翔。魏翔对余泽民、范一鸣都有知遇之恩。早年魏翔在福建当美术教师时,范一鸣是他的得意门生。后来他误入"鞋"途,去匈牙利经商,打造出了中东家喻户晓的"WINK"运动鞋品牌,生意做得风生水起。他们是一种亦师亦友的关系。余泽民在书中描写了一个感人的情节:上个世纪九十年代初,魏翔去匈牙利途经北京,在公交车上,突然意外地看见范一鸣走在王府井街边,他从车窗口大喊一声"范一鸣",范一鸣扭头

朝圣之路
260cm×146cm
2012-2013

看见了他,两个人急忙挥手,随之范一鸣尾随着公交车一路疾奔,直追到下一站魏翔下车。这是师生别后多年第一次见面,一个即将浪迹欧洲,一个"北漂"追梦,事业上还都不见起色,异乡相逢,自是万般滋味涌上心头。魏翔后来事业做大了,在范一鸣最需要帮助的时刻,他施以援手,让昔日的学生得以心无旁骛地投入创作。余泽民是WINK的签约作家,一位海外华人写作者签约一家私有企业,拿固定的薪水,却没有任何要求和约束,这大概属于全球首例。那时余泽民在匈牙利没有固定工作,翻译之外,创作了近百万字的作品。他默默地写,写了,也就放下了,偶尔自己拿出来看看,这使得他的小说很像是自己营造给自己看的心灵造影,毫无世俗功利之心。翻译稿费很低,养家糊口都成了问题。魏翔惜才,不想看到他如此下去,义气慷慨地与之签约,解决了他的衣食之忧。后来余泽民压在手头的那些作品,先是获得了《当代》《十月》等大刊的认可,继而在国内各刊一发而不可收,小说集入选了由诸多著名作家、评论家、编辑家组成评审委员会编辑出版的"二十一世纪文学之星丛书",成为了一位引人瞩目的海外华文作家。

如果说范一鸣是用手中的画笔,描绘的是站在坚实信仰和人类文化高地上对藏地精神密码的思考和探索;余泽民是用手中的灵动之笔,描绘的是范一鸣的艺术求索旅程,那么,魏翔则是用一支看不见的笔,为两人的人生和艺术描金添彩。可以说,无论范一鸣的画,还是余泽民的文,都沁入了魏翔的心血,辉映着魏翔精神的泽光。今天呈现在我们面前的一切，是三个人的杰作，是三支笔共同描画出来的一道人文风景。

在这个浮躁功利的世界上，这里展示了超越物质的美和感动人心的力量，三支不同的笔竖起了同一片精神高地上迎风招展的经幡，一如藏地辉耀着圣明之光的风马旗。

2015年7月12日于课石山房

目 录

风马旗 3
东南口 10
阿甘，快跑！ 15
印　象 21
拉兹之歌 30
篝　火 36
超现实 42
女人体 47
天　韵 52
眼　缘 58
风，不仅轻吟歌谣 65
盲　女 72
工业文明 82
前桃园 89
彷　徨 95
新大陆 98
终结者 103

洗　澡 115
成　瘾 120
前世缘 127
同路而行 133
蓝色时期 143
无名花 148
升　华 155
藏　云 163
驴友们 171
听　雪 177
探　亲 183
太阳雨 192
慢 199
大隐者 207
朝　圣 216
舞　台 223

京城的夏日午后，闷热，灰蒙。浓烈的日光一层层地穿透云、雾、霾、空气、蒸汽、小区楼窗复杂的反光和里面擦得洁净、外面蒙了层蝉翼样半透明尘灰的玻璃弥漫进来，虽然明亮，但不耀眼，不管照在什么物件上，几乎都不投下阴影。

浮尘状悬浮的散漫的光，是钢灰色的，落到颜料锡管、稀料瓶、油画笔、画刀、调色板和画架上，让每样东西都析出些许不大容易辨别但明显存在的灰度。当这光，这一粒粒的光，像雨脚般碰触到绷在画架上的巨幅画布的刹那……溶了进去；就像绵糖溶进温水，不留痕迹。画外的世界和画内的世界在第四、第五或根本就超出人类可能认知的维度汇合，融合，连为一体。画里的光也是弥漫的，钢灰色；八个山岩般的藏男藏女（不，应该说是九个，有一位母亲的藏袍里抱着一个婴儿）站在高原顶上，坚硬的云、光、大地和坚硬的生命，都是无影的。这幅作品的题目是——《朝圣之路》。

范迪安先生站在油彩未干的画架前沉默良久，他也被这光、这画和画中的云和光带入了那个精神的维度，走进很深，很远……终于，他深吸一口气，屏住片刻，转向站在身后的范一鸣干脆地说："你自己就是在朝圣路上。"

风马旗

我与范一鸣的初识，纯属神交，很偶然，但也是注定的。想来生活中的所有偶然都是注定的。初识的时候，互相并没见过面，而是通过一位共同的朋友；在朋友并非特意的介绍下，一鸣读了我写的小说，我看过他画的油画。

一鸣有两幅作品给我留下的印象很深，一老一少，全都是藏人。画老人的那一幅题为《朝圣者·扎西》。一位穿着灰色羊皮袍的老者在暗夜中行走，腰板笔直，脚步坚定，侧隐入暗影里的脸上看不清楚眉眼，主宰画面的是那条连着半侧胸脯的赤裸的右胳膊，青筋怒涨的粗大手中拄着一根木杖，全身的力量似乎都集中到了那

朝圣者·扎西
97cm×146cm
2006

只手上，薄如葱翼的老皮拽着松垂的脂肪挂在兔筋一样坚韧的肌肉上，有着古植物的纹理；月色在上面涂上了一层凉滑的光，显出某种并非血肉的生命力……这让我想起在巴黎罗丹故居二楼遇到的那个迎面走来的《施洗者约翰》。这是一个质朴、凡俗的虔诚信徒，一个能听到神语、天籁的粗粝男人，一个饱受生活磨难、正走向来世的老者，从他脸上虽然辨不出特征，也看不出个性，但是能感受到平静和支撑着那个高原群体的神秘理想。

我喜欢的另一幅画是《风马旗》，画的是一位少年喇嘛，身裹氆氇，微皱眉头，仰面期盼。氆氇是用牦牛毛织成的，粗硬、厚重，大概已穿了好几辈人，沉实厚重的赭石色僧袍，如泥石锈铁把他牢牢地箍在地上；从男孩纯净、虔诚、敬畏、疑惧而不绝望的表情看，似乎他已透过昏暗的积云看到了什么……

2013年仲夏，我从匈牙利回北京办事，偶然萌生一个念头，请同在布达佩斯定居的那位好友牵线，希望能跟一鸣谋一个面。我去过两次西藏，只作为游客，高原给我的震撼更多是表面的、概念的；我也看过不少画西藏的作品，有的记忆也很深，但很少能够像一鸣的画那样直抵我心，听到血脉震荡的嗡嗡回声。朋友听了我对一鸣作品的感受后也很高兴，说他也有介绍我们相识的想法，觉得一鸣跟我是一路人。我问他，怎么个一路法？朋友笑说，我跟一鸣都属于心啸嘴拙型的结巴汉。

这位朋友名叫魏翔，跟一鸣同是福建人，老家莆田，来匈牙

风马旗
130cm×114cm
2004

这组造型各异的铜铃是一鸣从藏区旧货市场陆续淘来的,挂在家中的不同角落,有时开窗或开门,过堂风吹过,叮当的铃声让家里人恍然觉得回到了高原。

利比我还早。1990年出国前,他曾是一鸣的油画启蒙老师,一鸣是他最赏识的弟子。魏翔说,一鸣是当今社会少有的"认死理"和"一根筋",这么多年过去,他始终不跟风不赶潮流不看市场,只踏踏实实地画他自己的画。他边说边顺手翻开一鸣的画册,指着一幅十年前的作品《勒毛草》说:"你看,没有哪位中国画家能够下这么大的功夫,把早期文艺复兴的精髓吃得这么透,变成自己的风格,并且用在西藏题材上是这么贴切,简直像弗朗西斯卡附体了一样!"

魏翔给了我一个范一鸣在北京的联系方式,之后,像突然想起了什么似的补充了一句:"一鸣要比你还不能说……不过没关系,他不说就不说,你去看看他的画也是好的。"我听出了朋友的话外音,看来我得作热脸将碰冷屁股的心理准备。

微风
33cm×80cm
2001

记得匈牙利大作家艾斯特哈兹有一次接受电视记者采访时说过一句话:"作家不一定非要能说……"这句话曾给过我很大信心,因为我也是嘴拙之人,在布达佩斯,最怕接受电台、电视台的现场采访,虽然译介匈牙利当代文学我敢称当下第一,但让我在三个人以上的场合正经发言,人家会怀疑我不懂匈语。所以我很理解,画家更不必非要能说,一鸣的语言在画布上,只要他肯放我进他的画室,让我亲眼看一下我最喜欢的那幅《风马旗》,即便不说,也等于说。

东南口

回到北京，我拨通手机，另一端传来的却是一个女声；原来是一鸣的妻子张洁。我自报门户，张洁说魏老师跟她提过我回京的事，一鸣很愿意跟我见面，欢迎我去画室……她说的所有话都是替丈夫说的，以丈夫的名义，那么自然，没有背后的商量，甚至让我生出一种侦探小说式的幻想，怀疑是不是一鸣附了女人体，或是我错把男声听成了女声。我心里暗猜，这家伙大概有跟我类似的社交恐惧症，很怵手机屏上显示的陌生号码，很怕跟陌生人通第一个电话……张洁的嗓音柔爽、亲热、语速快，而且很清楚，三言两语就拉近了距离。就这样，她在跟我聊了好一阵之后才把话筒递给丈夫。

经版,是很原始的雕版印刷模具。一鸣常把它拿在手里细细触摸,就像阅读盲文。他不懂藏文,但能够通过触觉从凹凸之间领悟经文中的隐秘讯息。

  一鸣的语气听起来热情,但几句话后就能感觉到,他的热情里透着紧张。电话里他基本上是听,不是说,而且说的时候也有些支吾,好像担心我每说半句都在下圈套,他"行—行""好—好"了好几句之后,才吝啬口舌地表示,他很欢迎我去参观画室,不过他明天动身要去甘南……

  一个月后,我接到一鸣发来的一条约我见面的短信,他怕我迷路,将我从家里出发的乘车路线写得非常清楚:6号线地铁五路居下,从东南口出站,沿着西四环往前走,看到一个小区口即是,他会在那里等我。

鎏银的铸铁马镫和古老的藏式马鞭。

我不常回国，京城的变化实在太大，我这个"老北京"早已变成了"乡巴佬"。下地铁后，我照着手机短信按图索骥，根据墙上的指示牌确信找到了"东南口"，这才信步拾阶钻出了地面，不假思索地沿着宽敞的大街阔步疾行。

走出了足足有一站地，一鸣关心地打来电话问我到哪儿了？我说不知道，反正在按他说的路线走。他问我在什么位置？我说，路边有家超市。他说，那你马上就到了。又走出一站地，他再次来电话问我，我说路边有一个汽车站。他说，没错，那你还得继续往前走，看到一片绿地就是。我信心满满地埋头又走了一站地，确实看到一大片绿地，但是周围并不见小区。这时，一鸣第三次打来电话，问我看没看到一栋红楼？我举目四顾，果真远远地看到一栋，于是又拔腿走出半站,但是小区的院门口静悄悄的,没看到人。

第四个电话,是我给他拨的。我跟他在电话里对了一下小区名,我料定自己走错了方向,因为他说小区门应该在我左边。一鸣让我沿路回地铁"东南口",站在那儿等着他别动!我满头大汗、脚跟生疼地调头走往地铁站,边走边想,幸亏不是在西藏或撒哈拉,不然他两个电话就得让我走成木乃伊。回到"东南口",看到有人出入,但还是没看到有等人的人,而一鸣在电话里坚持说他此刻就在"东南口"!

于是,两个人站在各自的"东南口"又足足打了十分钟电话,都拿着没挂断的手机围着站口转,都说没有看到对方……最后一鸣终于弄清:原来他在五路居住了这么多年,始终把"西南口"当成

从甘南草原摘了,一路经过长途汽车、飞机劳顿之后带回北京家中的格桑花。

"东南口"！就这样，我俩在相距百米的两个出站口之间花了一小时才找到彼此，感觉像是两个来自不同星球的外星人在地球上约会，都不知京城里任何一条街上都有超市、车站、绿地和红楼。我们像穿越森林的人，徒劳地拿一棵树或一块石头当标志物。

阿甘，快跑！

范一鸣个头不高，身材敦实，眉毛短粗，双眼皮挺厚，很像中学里的实诚孩子；四方的头型，圆鼓的脸，不像我印象中高颧骨、宽嘴巴、厚嘴唇的福建人；留着略显青愣的板寸头，穿一件规矩的牛仔衣和一条土黄色肥筒大兜的猎装裤，丝毫不带任何外化的艺术家符号，神情里也没有搞艺术的人常有的自恋式张扬。即便他说话的时候眼睛瞪得很大，但眉头并没有自然地舒展开，而是微微皱着；眼珠纯净明亮，但总让人感觉有一点失焦，有一点忧郁；神色诚恳而拘谨，"嘿嘿"憨厚地干笑时，嘴角神经质地轻微抽搐，一看就是个敏感之人，时刻都在小心地触探。他这种微笑，谦恭，但

一鸣在他的画前,也是在他的画里;在闹市中的画室,也是在高原的途中。(魏翔 摄影)

不温顺,属于不卑不亢的我行我素型。在跟他不大熟的人眼里,与其说亲热,不如说尴尬。一鸣不仅不善言,而且不善表情,即便完全放松下来,也会在憨厚、稚拙中带有受伤小动物的无措和警惕,这让我觉得他很像谁;究竟像谁,一时说不出来。

刚才为了找我,他急出了一身大汗,但见到我汗湿衣襟的狼狈模样,他紧张自责得有点语塞,努力跟我抱歉地解释,说他"从来没注意五路居的所有站口都在路东","从来没抬眼看过出口的指示牌"……我也赶紧以相应的诚恳检讨自己,说我是刘姥姥进大观园，说我在生活中有跟他一样不食人间烟火的蠢笨，刚才我沿街走了三站多地，居然没注意路牌上写的不是"西四环"！或许也正因如此，当我跟他握手时，感到了那种只有同类间才有的不言自明的亲近和安全感。

为了摆脱尴尬，两个人都没话找话地努力寒暄。这时候，我脑子里突然闪出魏翔曾跟我描述过的一个追车场景：

1990年，魏翔辞掉教画的工作，忙于出国的事；同年，范一鸣也离开三明，去北京的中央美术学院进修班研修油画，师生俩有一段时间失去了联系。动身出国前，魏翔在北京逗留了两日，他万没想到，有一天他搭公共汽车沿着长安街经过王府井时，无意中在马路边乌泱泱的人流里看到了一张熟悉的面孔。于是，他扒着车窗大喊"一鸣，一鸣"！

正闷头走路的范一鸣闻声扭头，反应了过来，立即撒腿狂追出一站地。那一站地很长，他沿着长安街穿过天安门广场；也许是公车走得慢，也许是一鸣跑得快，总之在长长的狂奔中，师生间的视线始终未断。动荡的岁月、不安的年龄、莫测的未来，师生那次在京城偶遇后的街边交谈，有些激动，有些伤感，有些热烈，有些茫然；分手的时候，两个人都感到有一块无形的大幕在徐徐落下，他们都将应对各自孤独的闯荡。

那次戏剧性的相逢证实了缘分。从那之后，他们虽然见面很少，但是每见一次，关系都会增加几分，慢慢地，师生情谊转变成了友情。魏翔本想以当时免签的匈牙利当跳板,去文艺复兴的发源地朝圣。动身前,他从世界地图册里撕了几页带在身上,有意大利、法国和奥地利地图,唯独没撕那张匈牙利的。然而,命运把他扣在了匈牙利,打破了他的艺术梦,却成全他当了成功的商人,在异邦一住就是二十多年。但他对范一鸣的关注从没间断……正因如此,我经常听他提起一鸣,而一鸣的画册总摆在他的办公桌上,只要来了当地朋友,他就忍不住翻给人家看,感觉像展示自己的作品,讲解的时候,加入自己对西藏的感受。也许,他是太想讲述西

作者和一鸣在画室里。由于在创作中,这是他画室最"乱"的样子,平时这里通常有着博物馆一般的整洁。

（左上）自画像
80cm×80cm
1986

（左中）太太晨凤肖像
60cm×80cm
1985

（左下）人体习作
100cm×90cm
1986

（右上）铁流（纪念越战回归的战士）
160cm×180cm
1985

（右中）我的太阳
140cm×160cm
1987

（右下）女青年
60cm×80cm
1986

藏了，而一鸣的画，最接近他想讲述但语言无法触及的那个西藏。魏翔每次回国，都一定会去一鸣的画室，拍下一鸣正在画的新作，甚至跟着一起讨论新作的题目。甚至有一次，他让我看他不同时间拍的几幅照片，讲解画面上哪个细节作过修改。这种时候，我会觉得一鸣附了他的体，或者说，他们附了西藏的体，在说在拍在游在画西藏的时候，他们才感觉自己最接近自己。

突然间，我想起一鸣像谁了。他身上有股巧拙的执拗劲儿，太像银幕上被一群人开着车追打的阿甘了！有一天，一群小无赖正朝阿甘掷水果，并骑着单车追打他，金发的珍妮在撒腿狂奔的阿甘身后大声喊："阿甘，快跑！"结果这一跑，他跑成了橄榄球队的超级明星。

印　象

　　跟着一鸣，我们沿着正确的道路往前走，经过一家超市、一个车站和一小块绿地，拐进了一座时尚小区，一栋风格简约的红楼墙上可见"印象"二字。据一鸣说，小区的设计者是德国著名建筑设计师奥托先生。楼房设计构思精细，富有情感，考究，但不炫，而且闹中取静，只是建成之后有失养护，树荫下的水塘里没有水，脚下松动的木板条漆色斑驳，然而绿化还是相当不错。

　　一跨进家门，娇小、爽直的女主人就笑着劈头盖脸地用一番疼爱有加的奚落为丈夫解围。在张洁看来，这类事发生在丈夫身上再正常不过，她说丈夫有天生的滑稽感——不是性格滑稽，而是生活滑稽。听张洁历数丈夫的轶事，活脱脱看一部《阿甘外传》。

在张洁眼里，丈夫是一个知性敏感、知觉麻木、反应迟钝、童年心态、有自嘲的天赋和荒诞感的男人。二十多年前，她跟新婚的丈夫刚在北京搭窝的那年冬季，有一天双双出门去买棉被，一鸣骑着一辆红色赛车沿着梧桐树下的中关村大街飞蹬，一边蹬一边开心地高唱《新长征路上的摇滚》：

听说过，没见过，两万五千里；
有的说，没的做，怎知不容易；
埋着头，向前走，寻找我自己；
走过来，走过去，没有根据地……

一鸣一边蹬，一边吼，一边随着节奏摇晃，怀里是坐在横梁上的幸福女人，女人怀里则是象征甜蜜生活的两床棉被。不料，张洁的靴跟突然卡进了前轱辘飞转的钢条里，效果相当于紧急刹车，后轱辘如惊马后踢腾空，一鸣像标枪似的从女人头顶飞了出去，俯冲式地摔出老远。张洁幸好有安全气囊似的两床棉被保护，抛物线虽长，但并无大恙。她掸掸土从地上爬起来后，看着男人满脸是土、鼻眼漆黑的狼狈相哈哈大笑，笑他看起来多像个矿工；但她笑着笑着，突然哑了，因为她看到一鸣的鼻梁上渗出了血，血和尘土混到一起，变成了黑紫色的泥，鼻梁上有一块皮被搓破掀起，露出了鲜

1989年秋天，一鸣走在三明列东的街道上，迎面过来两个开心说笑的女孩，其中梳着麻花辫的女孩让他眼前一亮，定睛一瞧原来是毕业一年未见的张洁，居然从黄毛丫头蜕变成挺入画的大姑娘了，于是贸然邀请她为他做模特，便有了这幅肖像。

花房姑娘
46cm×76cm
1989

肉。张洁吓坏了,赶紧拖着他去医院处理伤口,但是不管女人怎么着急,一鸣都是一副无所谓的样子。伤口清理完后,他不急着回家,乐呵呵地咧着嘴,站在医院的过道里盯着电视。张洁无奈,只得既内疚又不安地站在一旁看着他的鼻子,等他看完了两集《三国演义》。回到家里,伤口早干了,一鸣像没事人似的在鼻梁上贴了一条创可贴,任由画画的朋友张占山在两侧各画一只铆钉,充满喜感地参加新年聚会,丝毫没影响他快乐的情绪。事后回想,与其说他痛感迟钝,不如说是幸福感坚定。

上世纪九十年代中期BB机流行的时候,一鸣也买了一个。但是

斜阳
116cm×80cm
1998

接到呼叫后，回电话要下六层楼，还要跑到胡同口，之后耐心等待排在自己前头的人唠叨完家长里短或清算完对方的罪恶后才能轮到自己，这时已快忘了打电话的理由。有一次，一个朋友呼他，一鸣兴冲冲地一口气跑到小卖部的公用电话处，才发现忘了带BB机，没有电话号码。这时候，他既懒得跑回家取，又觉得不给朋友回电话心里过意不去，于是，他凭着自知不可靠的记忆瞎拨了一个号码。电话自然没打通，但是他心里踏实了许多，至少给自己有了交代，毕竟给朋友回了电话，通没通则是另一回事。爬回六楼，他早把这事忘到了脑后，拾起调色板继续作画。许多天后朋友问起，他理直气壮地回答："我打了，没通！"

一鸣是个很诚实的人，他的诚实笨拙、可爱，连说个谎都要有诚实的底气。在这一方面，一鸣有独特的心理保护机制和情绪调节手段，想来阿甘也有阿甘活着的本领。

反应延迟，是一鸣的另一个生存技能。平时若有人开他的玩笑，他通常在当时毫无察觉，甚至像旁观者似的呵呵傻笑，但几周或几个月后，他可能会突然琢磨过味儿来，愤愤不平，生气好久，但由于时间的错位，即使见到对方也发不出火来。显然，一鸣的这种延迟的恼火，只是他解决冲突的形式而已，自己很快能消化掉；这个时间差的意义在于能让他冷静对待烦恼的事，后来我也亲有体会。从某种角度看，一鸣的这种迟滞反应，是一种天才的心理保护机制，特别是对他这样的很认死理、自尊心很强的男人而言，这种机制能让他在生活中难得糊涂，甚至在危难中成为幸存者。

东聊西聊，终于聊到了画，我问那幅《风马旗》在哪儿？我想欣赏一下原作。一鸣听了摇头，说那幅画不在家里，之后无话。于是，张洁又扮演起"代言人"或"被附体"的角色，替丈夫解释说：《风马旗》他总共画了两张，一张是男孩，一张是女孩；男孩那幅，几年前被摩托罗拉公司的一位高管买走了，女孩那幅则被一个外国人以办展的名义骗走了。"当然，被骗走的不止那一幅画，被骗的也不止他一位画家。那家伙说到德国给他们办展，结果连人带画失踪了。"

我以为提这个话题会让一鸣不快，于是赶紧讪笑说："没关系，本事在你手里，以后再画一幅。等到哪天另一幅现身，你就声明那幅是假的……"如果这事发生在别人身上，肯定会满腹怒气，没想到一鸣的反应却十分平和。他说，他想象他丢了的画正挂在欧洲的某个画廊或美术馆里，或某个喜欢他作品的陌生人家里，总之，有人欣赏，他就满足，对于损失掉的钱，他根本不想。照他的逻辑，画商为了他的画编那么大的谎，下那么大的套，说明他的作品有值得骗的价值。

张洁连说带笑地又讲了一大串故事，证明丈夫荒唐的实诚和刀枪不入的心理调节机制。听得出来，女人在数落丈夫时，更多的是心疼和怜爱。想来实诚人都如此，认为天下人都跟自己一样实诚；如果你非教他怀疑，他要么怀疑一切，要么拒绝怀疑，不会把精力

风马旗 Ⅱ
146cm×162cm
2006-2007

生命的问题之
星空
130cm×114cm

在孔德林画室。
左起：张洁、朱力、范一鸣、孔德林。

宁化静物志
孔德林作品
60cm×60cm
2014

花在琢磨人上。从这个角度想,我觉得一鸣很幸运,能守住张洁这样的妻子,要知道,在这个心机重重的利益社会,跟实诚人过日子不容易。

拉兹之歌

1967年，范一鸣出生在福建大田，现在那里属于三明市的一个县。在红海洋的年代，他的童年和同龄人一样没有童话。他从小憨淘，淘得不知深浅，幸好那时候家长忙得无暇管孩子，老师们还是"臭老九"，自然不敢对学生们管得太严。在轰轰烈烈的年代，社会上的运动一场接一场，学校里的孩子们也逃不掉枯燥的灌输。不过什么事都有得有失，课堂里无趣的文化课，歪打正着诱发了孩子画画的瘾。从画黑板报、漫画到临摹连环画，从随手涂鸦到一本正经地拿起调色板，仿佛一路有神灵指引，在别的同学还为读文科还是理科犹豫不决时，范一鸣就认定自己要当一名画家，后来到当地

1987年,学生时代的一鸣穿着自己设计裁剪(剪刀外加手撕辅助)缝制的衣服。

的三明职业学校攻读美术专业,就在那里遇到了魏翔。

魏翔说,他当班主任的那班学生里,他最欣赏、最看好的学生有两个,一个是范一鸣,一个是孔德林。后来,生活也证明了他伯乐的眼光,二十多年过去,那一班同学里也只有他俩坚持画画一直到现在,而且每个人都探索到了自己的风格。在校园时代,这两个孩子都非常努力,非常有想法,也非常有雄心,由于他俩气味相投,成了形影不离的小兄弟,跟周围同学显得有些格格不入。

1987年,第一届全国油画展在沪举行,那不仅是当时美术界

(左上)一鸣与哥哥一彬的合影。
(右上)周岁时与时年81岁的爷爷、父母及哥哥的合影。
(左下)二周岁留影,挎着玩具枪——那个时代标准的照相道具。
(右下)与哥哥和弟弟一平的合影。

的盛事，也轰轰烈烈地写入了现代中国美术史。在开展的那些日子里，所有画画的人都谈论此事，范一鸣也被欲望烧得寝食不安。要知道，在三明那样的小地方，即便是学油画的，也很少有机会看到真正的油画作品；不要说西洋画了，就连国内名家的画作，他们也只能从印刷质量很次、画幅很小的报纸杂志，或从犄角旮旯儿淘来的展览目录和画册上发挥想象，猜测着欣赏。展览开幕了，一鸣就像接到了最后通牒，私下里跟孔德林和另一位同学商量一起去上海观展。当时他们都不到二十岁，没出过远门，当他们横下心决定逃学时，虔诚而执着地抱着朝圣的心。

要想成行，首先要跟老师请假。孔德林痛快，张口跟老师说他哥哥死了，要去奔丧，反正他本来就没哥哥，没心理负担。可一鸣不行，他既有哥哥，又有弟弟，家里的长辈全都健在，他吭哧几天也想不出别的借口，在撒谎方面他实在缺少想象力。没有办法，受到一鸣的拖累，另外两人也只好耐着性子熬过期考，三个人这才跟私奔一样地跳上火车，直奔上海，一路上哼着《拉兹之歌》："到处流浪，到处流浪，命运呼唤我奔向远方，到处流浪……我忍受心中的痛苦，快乐地来歌唱，有谁能阻止我来歌唱……"

出发时，他们每人兜里只有几十块钱，刚够买往返火车票。到了上海，他们白天从开馆到到闭馆地看展览，晚上跟流浪汉似的蜷在列车候车室的角落过夜，饿着肚子在响着回声的大厅里聊徐芒耀画中红墙的隐喻，揣测朝戈笔下极端者的内心世界，探讨杨飞云的技法到底受哪位古典主义大师的影响最深。他们复杂的措辞、狂热的语调，在横七竖八地打盹或围成一圈打牌的旅客们听来，简直是外星人。匈牙利作家马洛伊在回忆自己年轻时在莱比锡火车站流浪的心境时写过这么一段话："我没想从任何人身上获得任何东西，不管是好是坏，我都不曾期待，我对一切都心怀感激，哪怕是一抹微笑、一个声调；在那些年里，我还极度善良。也许，当时我是一位诗人。"那时的马洛伊跟一鸣同龄，记录的那股"世界属于我、大地是我家"的青春意气简直就是此时一鸣的精神写照

两天后他们弹尽粮绝，再待下去真要乞讨了。买了返程车票

师生三人难得的合影。
左起：一鸣、魏翔、孔德林。

荷马像习作
1988

后，三个人掏兜翻包地凑钢镚儿，总共只剩下五毛钱，于是在站台上买了一个面包，三个大小伙子忍着肚子里乌泱乌泱的馋虫，节省、礼让地掰食了一路，坐了二十多个小时的火车回到家乡。一鸣说，直到现在，回想起归途中那种"见了世面、眼界洞开"的幸福感都如此热辣和真实。从某种角度说，那是一次洗礼。

篝 火

"我无时不在寻求一种混乱而又井然有序的章法——整个过程，如挣扎，如性爱，如搏斗，如痴如醉，全无平日卑躬懦弱之态。"孔德林在1991年的创作手记《爆炸》里曾写过这样一段自白。

我知道，一鸣不善用语言表达，但我可以感觉到，孔德林的这段自白也折射出了同窗好友表里的矛盾和青春岁月的挣扎。跟一鸣接触多了便会了解，他语拙的背后有千言万语，只是他不习惯将心语转变为口语，只是没触到能让他兴奋的话题而已。或许正因如此，他才迷恋绘画，因为绘画是他表达内心最自如的语言，只有在绘画里他才能一扫"平日卑躬懦弱之态"。一鸣对绘画的语言非常

上世纪八十年代末,三个热血文艺青年。这张图像模糊的照片却也注释了朦胧诗年代年轻人的精神状态。
左起:孔德林、范一鸣、赖向方。

敏感,以至于时隔二十七年后跟我聊起那次逃课观展的时候,有几幅画仍历历在目。

在那次画展上,给他印象最深的是徐芒耀的《我的梦》:画家的"我"正从斑驳的红墙里破墙而出,一个隐形人正伸手去够墙上一把没有门的门柄,我们只能看到他(她)戴的白色手套,角落里有一个失重的拉奥孔石膏像,他甚至说那堵红墙像是德龄的宫墙。另外还有一幅画打动了一鸣,让他站在画前出神了许久,那就是杨飞云的《北方姑娘》:朴实的画面、扎实的功底、简繁有度的笔

我的梦
徐芒耀作品

小翟
何多苓作品

北方姑娘
杨飞云作品

触、生活中实实在在的浪漫气息，与一鸣本性的语言相契合，发生了对话。据说，头戴红巾、一袭红衣的女子是画家的太太，那是一鸣有生以来第一次看到古典主义写实风格的原作，用一鸣的话说，他看到了真正的古典精神。在展厅里徜徉，表面上跟周围的观众们同样平静，但艺术的信念在胸中上天入地，山崩海啸，他生活的目标也更加坚定：一辈子画画，画自己的画。当他走到何多苓的那幅《小翟》前，心又怦然一震：女诗人像一头囚在笼中的狮子，高贵、孤傲、无声地吼着。翟永明是画家当时的妻子，何多苓后来讲过，忧伤是他生命的核心部分，而他的忧伤，来自小翟。

上世纪八十年代末结伴闯荡羊城的小伙儿们。
左起：孔德林、范一鸣、赖向方、林东煌。

带着心满意足的创痛，

　　你优美的注视中，有着恶魔的力量，

　　使这一刻，成为无法抹掉的记忆。

　　这是女诗人《渴望》中的诗句，读来又像是画家说的。在这幅作品里，诗与画、男与女、作者与观者都融到了一起。听一鸣讲完对这三幅画的印象后，我不知道该怎么表述自己即刻的直觉。我感觉对眼前的这位画家有了更贴近一层的感性了解，我觉得，在一鸣的骨子里，这三幅画的精神都有。

　　上学时，在张洁和别的同学们眼里，范一鸣和孔德林都是很具"文艺范儿"的酷哥子。"表情深沉，不苟言笑，气质俊酷，特有追求。"张洁像背十六字诀似的形容说，"那时候，他俩根本就不跟我们这类贪玩的孩子为伍……"或许也正因如此，张洁最终被老实人内在的反叛特质吸引了，后来舍弃一切追到北京，跟一鸣结下同甘共苦、不离不弃的情缘。

　　据张洁讲，范一鸣和孔德林当时在绘画能力和悟性上旗鼓相当，都很努力，都很好强，都暗中较劲。他俩的性情虽然不同，但共同的艺术追求和理想主义气质使他们成了跟同龄人格格不入的好哥们儿。有一次，两个大小伙子跑到学校后山找了一块空地，浪漫地点起一堆篝火，披星戴月地畅谈艺术理想，乌托邦式地探求人生意义，结果险些引起一场山火，受到了学校方面的公开处分。但在同学们眼里,他们更成了叛逆明星。

　　魏翔慧眼识珠,时至今天,全班同学中仍坚持创作成了画家的,也只有他俩。虽然这两位同窗好友选择了不同的艺术道路,一个坚持具象写实,一个钟情符号抽象;一个走上高原追寻血肉的不朽,一个穿越古代醉心桃源的虚幻;一个朝圣者情结,一个士大夫心态,两人在艺术上"分道扬镳",但生活中始终是君子知己,昔日的老师也成了今日的朋友,远在布达佩斯的魏翔始终对这两个弟子关爱有加。

超现实

　　前不久，魏翔准备和两位匈牙利摄影家一起出一本肖像摄影作品集，在他选出的照片里，也有范一鸣和孔德林，于是话题开始了"想当年"。魏翔说他出国前就曾为摄影疯狂，还把家里的阳台改成了暗房。边说，边从电脑里调出了几张黑白照片，乍一看，还以为是布努艾尔或达利的作品。有一张是眼睛的特写，一鸣攥拳的右手抵着额角，一绺鬃一般粗硬的黑发斜奔到眉心，露出一双惺忪的醉眼。颓废，或者说追求颓废，是一种启动自我的青春的美。

　　还有一张《无题》颇有舞台效果。躺在潭底的一鸣抱着一个维纳斯的石膏头像，做出一副垂死依恋的眼神，维纳斯的鼻孔里冒出

三明教工宿舍里的小屋,不仅是魏翔当年的家中画室,也是范一鸣最早的美术实验场。他第一次画女人体,就是在这个私人空间。

一串气泡……那串气泡实际是浇下的水珠,一鸣则是躺在魏翔家的地上,在画面外倒水的是孔德林。看着一鸣那副学生剧社演员派的用力表情,我忍不住咯咯乐出声来。可以想象,在没有数码相机的时代,师生三个要想拍出这个效果,肯定也费了不少的心思、气力和昂贵的胶卷。

一鸣的肖像拍在《无题》之后,由于头上刚被浇了水,头发湿淋淋地垂在额前,那副忧伤而坚定的眼神是每个曾经年轻过的人都

魏翔拍摄于1989年的一组超现实主义的黑白照片。

熟悉,或许都有过的;理想主义的孩子总是幻想自己能承受敌人的严刑拷打,能忍受人间最苦难的伤痛,实际是"少年不知愁滋味,为赋新词强说愁"。这张照片让我联想到好友方希写的那本《张艺谋的作业》,书里有一张老谋子上大学时给硬男滑尔刚拍摄的一套"威武不能屈""富贵不能淫"的英雄照,虽然是摆拍,但精神状态是绝对现实和真实的。有一张照片里,范一鸣将手伸向镜头,眼中喷射出炽烈的火,现在看来很真实,可以说是一个内心坚韧的喑哑者的呐喊。在魏翔的系列作品里还有一张很有意思,或许现在看起来有些滑稽效果:孔德林和某同学面无表情地奇怪对视,说是对视,但两人的视线在某个点上岔开,投向虚空,那股投入的神态里有种超现实的暧昧,颇有德国摄影师威廉·冯·格鲁登镜头下希腊少年的影子。在好几幅作品里,妻子晨凤也出现在画面里,如同从画作中飘出的魂灵。且不说这些作品的艺术价值,单说摄影者和模特那种用力过猛的投入,傻得可爱,嫩得可敬,是八十年代人的集体气质。

我问魏翔,这照片是他们在哪年拍的,魏翔不假思索地回答,"八九年底"。他之所以能记得这么清楚,是因为他拍照用的相机还有个故事。当时,魏翔正处于生活中的彷徨期,一心想要出国闯闯。最早联系的是去日本,并为此贷了一笔款。没想到,签证不顺,东渡的计划流产了。郁闷之中,他解气似的跑出去用贷款买了一架相机,那是当时昂贵得很少有人问津的日产"雅西卡",此后很长一段时间里都是他最值钱的家产。随后,请来两个弟子当模特兼助手,用"超现实"的创作排解郁闷。其实那时,彷徨的不仅仅是魏翔,一鸣毕业后也前途未卜,想离开家乡到大城市闯荡,开阔自己的眼界,寻找生存的土壤。

我跟魏翔讲,我更喜欢他当时拍的这一组照片。我这么说,倒不是因为它们像《一条安达鲁狗》的某个截取画面,也不是说他现在拍的肖像规矩、完美就不好;而是想说,我更喜欢那个时代年轻人的认真、锐气、青春的野心和无辜的张狂,更喜欢那时的我们自己。当时一鸣二十二岁,魏翔也只有三十岁,都还青春无敌。

魏翔在学校当老师时，被安排教一鸣他们素描课，并兼任他们的班主任。当时，常有任课教师向魏翔告状，说范一鸣和孔德林经常在课上睡大觉，魏翔不但没有批评他俩，还主动充当他俩的挡箭牌。事实上，他俩不仅在文化课上打盹儿，在魏翔的素描课上也睡得呼呼的，要是放在别的学生身上他早就火了，但对这两个学生，他格外庇护。因为他早就知道这两个孩子熬夜的原因——他俩夜里留在画室里，互相充当人体模特。当同班同学还画石膏像、静物、肖像素描时，他们俩已经画人体素描了。

女人体

说起画人体，师生间还有个"小秘密"。早在上世纪八十年代中期，毕业于福建师范大学美术系的魏翔已是颇有名气的青年油画家，他的作品《迷恋》参加了1985年的全国青年美展。毕业后，他被分配到三明职业学校当美术教师。由于个性太强，虽然业务出类拔萃，在学生中也很有威望，但在一些领导眼里，他属于头上长角、不容易管理的另类。有一次，校长找到当班主任的魏翔批评他说："课间操时，所有的班主任都在，就你不在。"魏翔立即回嘴到："校长，您应该在全校表扬我才是，即使我不在，我们班的学生都表现那么好。"

在大多数同学眼中，魏翔是一个雷厉风行、说一不二的严师，一是不言而威，二是因为画画最好，艺术学校的学生只会服专业好的教师。后来，由于同事的妒忌，不再让魏翔当一鸣他们的班主任，学生们竟联合起来跑到校领导那里质问。画有画格，人有人格，对于那一班学生来讲，魏翔是位很有人格魅力的教师。

在范一鸣的眼里，魏翔既是油画的启蒙恩师，也是能一同探讨艺术的"大师哥"。那时候，学校里没开人体课。要知道上世纪八十年代，改革开放还没有几年，不要说在三明那种小地方，即便在大城市里画人体仍算挺先锋的事。魏翔在教学的同时并不放弃个人创作，经常带着好学的一鸣课外习画。有几次，一鸣凭着一股韧劲儿和酷劲儿，私下里说服了一位肯为艺术"献身"的女孩，把她带到了魏翔的画室里当模特……聊起师生当年第一次一起画人体的旧事，口无遮拦的张洁抖出了丈夫一个令人捧腹的笑料。

当时，魏翔所谓的画室，其实就是在本就逼仄的公寓里挤出来的一角。女模特侧倚在一张罩了一块棕红色厚毛毯的藤椅上，左腿斜伸踩在地板上，右腿抬起，慵懒地搭在扶手上……由于房间太小，实在没有太多可选的角度，魏翔坐的位置最理想，想来女模特的姿势是他给摆的，或者说，是给他摆的；一鸣却尴尬地如坐针毡……因为他坐的那个角度恰好正对着女人的私处。要知道，那是一鸣第一次画女人体，羞得几乎不敢抬头，紧张得头皮发麻，看着旁边的魏翔镇定作画，他只好硬着头皮画他敢看的部位：头部、肩膀、胸脯、两臂、腰

这个角度看上去的确舒服很多。（魏翔作品）

这幅人体习作是一鸣1991年在美院学习期间画的。遗憾的是，当年他和魏翔一起画的那一幅，被他像销毁罪证似的撕毁了。

胯、腿脚……但唯独女人体的私处始终是空白。

那时候,魏翔已经成家,师母黄晨凤也是福建三明人,不到十六岁上大学,毕业于教育心理专业,不到二十就成了一级教师,而且还是位心气很高的艺术女青年,跟魏翔学国画,后来嫁给了这位"贴身老师"。即便学过画,晨凤对丈夫带学生在家里画人体,肯定还是有点敏感,用一鸣的话说,"也不知师母是出于好奇,还是出于警惕,每隔一会儿就进来一趟沏茶倒水"……这种时候,即便晨凤一声不吭,一鸣也感到脸红、心跳、手抖、浑身盗汗,眼睛睁也不是,闭也不是,他知道晨凤肯定看到了他荒诞的画面,甚至能听到师母无声的窃笑;要知道师母也就比他大两岁。都说艺术创作是一种享受,但那次对他来说简直像受刑。那张最终未完成的第一次女人体油画也可以说完成了,因为它是画家纯真时代的写实。

我看过魏翔画的那幅《女人体》,出于好奇,我向一鸣讨要,但他支支吾吾地告诉我说:那幅画,由于模特的大腿冲他劈得太开,所以那个部位太难处理,后来在魏翔的建议下,还把一条已画好的胳膊刮掉,把女模特本来放在旁边的手挪到了大腿根儿,技术性地挡住了敏感部位。但是不管最后怎么处理,都无法解除一鸣的难堪和尴尬,几年后他像销毁罪证一般把他那幅《女人体》撕毁了。

许多年后师生重逢,魏翔听张洁描述一鸣当时的尴尬,笑岔了气说,房间再小,也可以往旁边挪挪,还是他想坐在那儿。张洁一本正经地拷问丈夫:"那位置到底是你自己选的,还是魏老师安排的？"一鸣满脸无辜地眨眼辩解："真是魏老师安排的！"过了一会儿，看到妻子将信将疑的表情，又善解人意地慢吞吞补充："也许是他特意把好位置让给我了？"晨凤也摆出一副含冤的样子，说当时她刚分到两室一厅，大屋给丈夫作画室，阳台作洗相片的暗室，一切都围着男人的艺术转，结果给师徒俩倒杯水，还被怀疑为"刺探军情"……现在回想，师生俩在课余画女人体，虽不比当年刘海粟办上海美专那样冒险，但是在上世纪八十年代闭塞的三明小城，也算是相当的先锋了；而这种师生的情谊，更美好可贵。后来，魏翔移民匈牙利，也将那些旧画带在身边，珍存至今，成为理想主义青春的纪念。

每每说起范一鸣和孔德林，魏翔都颇感欣慰，得意于自己当年没看走眼，二十多年过去，在那一拨学生中能够攥着画笔坚持到今天的，只有他俩。当然反过来说，也正是这两个学生，为魏翔当教师的年轻时光赋予了意义，给他留下了一些值得记忆的东西。有一次我跟魏翔开玩笑说："你该感谢他俩，不然现在你只能说'当过教师'，过去式，没人真心叫你老师。"

回忆起旧事，一鸣也很认真地说："当时我真这么想，连老师都这么刻苦，我当学生的更要刻苦，那时候在老师中，我们就服他管。"一日之师百日恩，当年魏翔的呵护帮一鸣扎实地上路，让他受益至今，而他们之间的师生情，更没随时光的流逝变得淡漠，反而更浓稠。

天　韵

　　1988年秋天，范一鸣毕业。他花了几个月的心血，创作了一幅画幅不小的毕业作《天韵》。在超现实主义风格的画面上，年轻的画家自己坐在露天的一张桌子后，蜡烛已熄，桌上离他较远的位置，躺了一把小提琴；不远处还有个形影相吊的男人，那是罗丹《地狱之门》上三尊男人体中的一个；远处虽也有影绰的人影，但像鱼缸里的鱼一样各自徘徊，彼此无关，想来一鸣是想用这些符号性的形象，表示自己的追求与孤独吧。二十一岁这年，他就坦然地接受了自己未来的生活，孤独地跟艺术相伴，应对周遭的怪诞世界。

天韵
1988

　　毕业后，一鸣也画了几天有眼下没未来的"行画"，但很快就放弃了。他意识到这样下去会毁掉自己，不仅毁掉自己的艺术感知，也会毁掉自己的创作力。于是，在金钱和自我之间他选择了后者，他觉得做艺术家就要有高更、梵·高的那种精神，我行我素，追求形而上的财富，尽管他还没信仰过什么，但他感觉艺术像一种信仰。他在三明郊区的文笔山上租下一套民房隐居作画。据说，那个木屋里曾吊死过人，所以很长时间没人敢住。一鸣不信这个邪，他很喜欢在那里熬夜作画，在那里跟朋友聚会，空间再小，条件再差，也是属于自己的空间。就像刚到巴黎的毕加索，这个小木屋，

这个铜制的指南针是一鸣父亲上世纪四十年代初上小学时的用具,在去年父亲去世后尤其显得珍贵。

就是他刚出道的"洗衣舫"。那段时间,魏翔也常去那里小坐,师生一起交流艺术观点,讨论技法理论。

张洁说,当时她也爱跟同学们去一鸣的画室,看到一鸣的日子过得真的很艰苦。屋子里没水,只在几十米外的院子里有一个公用的水龙头,邻居们白天在那里摘菜、洗菜,将不要的菜叶丢在水池旁;一鸣常在天色将黑的黄昏摸到那里,捡几片他觉得能吃的菜叶拿回来熬菜汤。张洁看了心疼,就在夜里趁父母睡着时,"偷"些大米和香菇拿报纸包好,第二天带去送给一鸣,那时候他俩还没谈恋爱,她也并没有想到自己心疼的会是未来的丈夫。

黄丽芳是跟张洁从小一起长大的闺蜜,也是她和一鸣的师姐。女孩开朗、清爽、体贴,不仅跟一鸣他们走得很近,并且符合魏翔的审美,曾在魏翔的作品里当过模特。黄丽芳说,上学时一鸣的性格并不沉闷,甚至恰恰相反,他那时活泼好动,喜欢表现,而且有一副青春逼人的俊相和本质的憨厚，很讨人喜爱。有一次，一鸣在滑旱冰时牛仔裤撕裂，狼狈不堪，只好跟朋友借了一只书包勉强遮挡着跑回家。那时一鸣还喜欢跳舞，跳迪斯科，跳交谊舞，而且喜欢别出心裁，曾在黄丽芳的宿舍里，两个人互换衣服表演反串。丽芳穿一鸣宽大的衣裤，一鸣则穿上丽芳的玫瑰红色的无袖连衣裙和张洁的长筒袜，给她俩跳"小天鹅"。腿上的汗毛执拗地露出来；裙子太瘦，后腰上的拉链半拉半敞开；弹跳不高，但击腿迅速，居然能在空中对拍两下，笑爆了两个女孩儿的肚子，让他停下。哪知求他穿裙子难，一旦开始表演，想让他停下更难。但见他自顾自地一边哼着四只小天鹅的曲调，一边卖力地蹦跶，全然不顾两个女孩笑得趴在地板上直不起腰来，连连告饶。但那时的孩子们纯朴、简单，还没有爱情，三人间还是没有性别、单纯美好的绝对友谊。

黄丽芳还忆起一件事。刚毕业的一鸣生活窘迫，清贫如洗，他潜心习画，也没找工作，经常饥一顿饱一顿。用丽芳的话讲，"他何止吃了上顿没下顿，经常上顿下顿都没有"。有时饿得实在不行了，就硬着头皮找朋友蹭饭。有一天晚上，黄丽芳刚刚煮好方便面还没吃，就见一鸣脸色煞白地推门进来。

"老范啊，吃饭了没有？"

"唉，别提了，我已经饿了一天了。"

"那你快快快，赶紧坐下来吃一口。"

"好，好。"一鸣闪着硕大的眼白兴奋地应道。

重复完这段彩排了多遍的台词后，一鸣宾至如归地坐了下来，迫不及地地端起面碗。他虽然饿得很急，但出于修养又不忘克制，所以挥筷的动作虽然迅疾，但每次夹的面条却很少，一碗面吃了很长时间。

那段时间，魏翔家也是范一鸣和孔德林常去蹭饭的据点，师母黄晨凤待他俩也格外热情，即使在怀孕期间，也大着肚子给他们烧饭。两个年轻人过意不去，抢着给晨凤打下手。有一次，晨凤让一鸣帮她洗菜，但一鸣是个慢性子、极认真的人，他洗菜的细致劲儿像修表匠，手劲儿却像磨砂工，他一片叶子一片叶子地搓呀揉呀，最后把菜叶都洗烂了，揉熟了……晨凤不好意思直接说，于是委婉给他调动工作："我看，你还是去洗碗吧。"

那时候，还是物质贫乏、精神富足的理想主义年代，年轻人可以聚在一起毫无耻感地谈人生，谈未来；那时候，也正是国内艺术思想活跃、流派横飞、野心与幼稚并存的年代，如何找到个性语言而成为自我，是所有画家面对的难题。1990年，范一鸣离开家乡，前往北京的中央美院油画系研修班学习。

刚到北京时，范一鸣信心十足，踌躇满志。那时，在家乡的美术圈里，他已算得上小有名气的青年画家了。但在美院待了一段时间后，他从自信变成了自卑。随着接触到越来越多的艺术同行，了解到越来越多的艺术流派，并在大都市的喧嚣中嗅到越来越多国际性的艺术信息，他意识到天外有天，人外有人，自己不过是一只井底之蛙，他对油画的许多认知和所掌握的技法实际相当有限。

不过压力并没有让他沮丧，而是很快成了他如饥似渴的动力。一鸣知道自己要补许多课，消化许多理论，掌握许多技法，所以比别人更刻苦、更勤快。用张洁的话说，在美院那段时间，他"咬牙切齿地学习，就像一块干海绵，一下子吸收了许多许多东西"，终于获得了朝戈等老师的认可。现在回头看那时的作品，或许只是野心毕现的彷徨之作，但在美院的日子里，一鸣扩展了艺术的视野，对他的艺术生涯影响深远，至关重要。

唐三彩马习作
25cm×29cm
1999

眼　缘

　　在美院，一鸣结识了一位重要的朋友——比他年长五岁，后来以高超的写实主义手法创作神秘、唯美、超现实的清装仕女而出名的北京画家王明月。用王明月的话说，他跟一鸣的友谊是名副其实的"眼缘"。

　　那年，到研修班学习的学员们年龄差距很大，最小的二十出头，最大的已经年过半百。明月说，在班上二十来位同学中，一鸣是年龄最小、也最活跃的一个，当然他的活跃不是放浪形骸，而是闷骚有品，有那类理想青年的感染力。一鸣绝不是性情张扬的人，话也不多，但他寡言并不孤僻，对跟他"对脾气"的人，会散发出融化人心的暖意。穿着上，一鸣也有自己低调的考究，这多么年过

与研修班的同学们在画室。左起：黄德基、高建新（老九）、王大龙、曾德坚、廖平、罗住展、王明月、范一鸣。

去，当明月说起他跟一鸣的第一次见面，感觉就像是昨天的事，清晰记得朋友的亮相：短发精神，少年老成，海蓝色T恤，米白色筒裤，一双马靴似的高腰黑皮鞋从下到上密密麻麻系了有十道鞋带，英伦味加骑士范儿，感觉甚酷。

　　后来，我也反过来问一鸣，问他还记不记得跟明月的初识。他说，他对那次见面印象也很深刻，当时他和一帮同学坐在教室里，明月是跟着班主任老师戴士和先生走进来的，"穿了一件棕色、暗纹、休闲式的呢料西装，看上去像一位落魄的绅士"。

　　有一次，一鸣也跟我提起他跟明月第一次见面时穿的那双黑靴，还引出两段得意的故事。黑皮靴，其实并不是一鸣自己选的，而是在电影厂工作的妈妈作为劳务补贴发的，妈妈心里惦着儿子，所以领回了一双大尺码的。那双鞋是木制鞋根包塑料外皮，没穿几天，鞋跟上的塑料皮就尴尬地掉了一块，露出了包在里面的木料。不过鞋主是画家，一鸣动手用黑颜料涂补，考虑到鞋底部沾土颜色会变浅，还特意在黑颜料里加了点白色和土黄色。

到了北京后，一鸣和明月跑到三里屯的外贸服装一条街上各自备了一双感觉很酷的土黄色"马靴"，回到宿舍动手加工，用颜料做旧成自己喜欢的颜色，两个人像一个部队似的同出同入，想象自己手牵马缰、腰佩马刀的凛凛威风。不想，这"鞋风"悄悄蔓延，不少同班同学纷纷仿效，根据个人口味用油画颜料加工"霉绿""耶褐""藏青"等各种颜色，一时间风靡起来。两年后，有位外国朋友纳闷儿地问一鸣："你们画画儿的都爱穿伐木靴？"一鸣这才知道，原来他们以为的"马靴"，实际是欧洲伐木工人穿的劳保鞋。

友谊的发生，有时类似爱情，刹那间某种"同类"的直觉，把两位年轻画家的生活交错到了一起。在人群中，他俩都是不善言辞的嘴拙者，但两个人私下却成了无话不谈的画友和朋友。他们不仅在绘画的理念上有类似的看法，在创作的方向上互相激励，而且在绘画外也有许多投缘的话题，用明月的话总结："最重要的，是一鸣这个人朴实、真实，身上没有一点邪气。"

初出茅庐的一鸣虽然在画风和题材上还处于摸索和尝试的实验

在中央美术学院门前。蹲着的是王明月,站着的是范一鸣,他们脚上蹬的大皮靴就是经过亲手加工的"伐木工人劳保鞋"。

范一鸣和靳尚宜老师的这张合影,旁证了王明月给他做的那个"身上没有一点邪气"的总结。(照片上一鸣的外套是他自己设计缝纫的)

美院学习期间人体习作

这幅画吸引我的不仅是模特背影中性的美感,还有左下角红白灰黑的四色音律。即便一鸣把它当作习作,但在我眼里是一幅作品。

期,但他对绘画的执着"较劲儿",已经根深蒂固。他想好要表达的东西就一定要表达好,创作中有一个不可撼动的独立"本我",这也让明月找到了共鸣、由衷欣赏的地方。当然,大凡"较劲儿"的人多是完美主义者,说白了是"强迫症",一鸣和明月都是这样,即使"较劲儿"到了再较不动的时候,还是感觉留下了遗憾。现在回头来看,这一对画友能够平行线似的坚持写实主义直到为名成家,最秘密的武器正是这种"较劲儿"。

在班上,一鸣和明月都是刻苦的学生,秉性相投,有共同语言,而且都是想法很多却都未落实的"迟动者"。他俩还有个共同点，都是酒徒烟民，只要两个人在一起，少不了喷云吐雾、酒瓶叮当。那时候抽烟，越便宜越有劲儿越好，类似雪茄的天坛牌"黑烟"是他们的最爱，喷云吐雾，聊生活聊梦想聊文学聊音乐聊美学聊欲望聊巡回画派聊文艺复兴，聊得手指尖焦黄，笑时露出黑牙，一夜过去，啤酒瓶在画室、宿舍的墙根下列成方阵。也许这在外人看来有些"颓废"，但要知道，真正颓废主义的内核是理想主义，他们想成为的是蒙帕纳斯的落魄画家，而不是今日艺术青年追捧的物质男神。

　　美院的一年转眼就过去了，外地的学员基本都走了，但一鸣横下心留了下来。上世纪九十年代初，画家靠卖画为生简直是天方

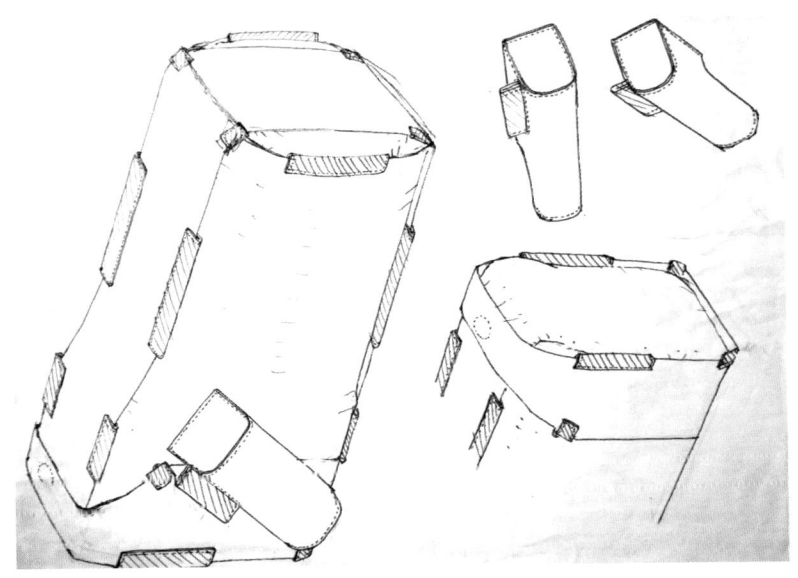

一鸣平时很喜欢做各种设计。这是他画画休息时随手涂鸦设计的摄影包。

夜谭，外地人留京首先要面对的就是居住和生计难题，家里有积蓄的还能坚持一阵子，但像一鸣这样两手空空，的确很难。在家靠父母，出门靠朋友，一鸣庆幸交下了明月这位挚友。明月一是北京人，二是五岁就开始正式学画，加上他好交朋友的性格，所以在京城圈内有很好的人缘。由于看重一鸣的人品和与他的友谊，明月乐此不疲地帮他想办法，找出租房，介绍圈内关系，在驻京使馆的朋友中帮他找教画、画像的机会以应付日常的基本生存。那段时间，张洁还没来京，友谊和谋生是他生活的主要内容。

从那之后，一鸣和明月真成了双胞胎似的朋友，一起画画，一起办展，一起谋生，双方各自成家之后，把这友情扩大，成了两个家庭的友谊；再后来，他俩又跟几位志同道合的写实画家集结成名为"同路而行"和"同道"的群体，友情在更多的人中间传递。

"有时候我想，或许友谊是一种跟双胞胎共生相似的纽带。在志趣、喜好、品位、修养和秉性方面惊人的相似性，将两个人的命运联系到一起。即使其中的一个背叛另一个也是枉然，因为他们的命运仍是共同的。即使其中的一个逃离另一个也是枉然，因为他们可以感知彼此的内心。即使其中的一个选择了新的朋友或情人也是枉然，只要没有某种不成文的秘密应许，另一个仍无法从这种共生中解脱。"这是马洛伊在小说《烛烬》里写下的一段关于友谊的感悟。我想，要是一鸣和明月读了，一定会感慨万分，人生也是一个筛选的过程，淘真朋友，就跟淘金一样。

风，不仅轻吟歌谣

一鸣现在的居室和画室都在同一栋楼里，只是楼层不同。居室里的四壁也挂满了画，跟画室的不同只是没支画架。兼作餐室的大客厅内，挂的大多是早期旧作，有抽象风格的南方民居，有光影斑驳的四合院门道，还有一幅京剧题材、民间木刻风格的《刘备过江》，若不是一鸣自己说，真想不出是他的作品，可见他年轻的时候曾为风格尝试了百家。客厅里最吸引我的是两幅大画，画面上都是少女与风景，而且一看就知他画的是张洁——后来的妻子，当时的情人。

靠门的一幅题为《风，轻吟着歌谣》：身材娇小的女孩肩披

张洁的这身白衣,让我联想到法国音乐剧《罗密欧与朱丽叶》中的命运女神,注定了她要陪一鸣一起面对未来的风风雨雨。

风,轻吟着歌谣
97cm×130cm
1992

如瀑的黑发，一身软质、素白的中式布衣裙，优雅地靠坐在一株粗粝坚实的老树干下，低头看手里捏着的一片树叶；树后是起风的神秘暗夜和不知光源的子夜天光，让我想起弗朗西斯卡，想起他那幅《君士坦丁之梦》中帐篷后那一角夜的神秘的蓝。虽然画风上受到文艺复兴前湿壁画的影响，但整幅作品弥漫着文人仕女画的古韵。估计不管谁站在这幅画前欣赏它，都会感受到某种似黛玉葬花的浪漫伤感，很美，不疼，暗涌着青春的生命力和不问天下事的唯情……若不是张洁不无后怕的讲述，恐怕谁都不会想到，这幅画曾跟一鸣一起徘徊过生死界。

1991年秋天，一鸣结束了在中央美院研修班的学习，决定不回福建老家，像许多怀揣艺术梦的年轻人一样留在偌大的北京城里当"北漂"，期望哪天出门补鞋时能被幸运之神撞一个跟头。当时，他在建国门附近一条小胡同里的大杂院内，租下了王明月岳母家的一间自己加盖的小砖房，总共只有10平方米，既当卧室，又作画室。冬天北风呼啸，寒冷刺骨，一鸣用纸糊用胶带纸粘，把到处漏风的门窗缝封得严严的。数九寒天，从隔壁院子里打回一桶水放在屋里，有时还没来得及用，水已在桶里结成了冰。

与小屋相连，有一条乱糟糟的小过道，一鸣将朋友送他的几块破旧的白床单挂在墙上，画上米罗风格的海底动物来美化环境。他在屋里画累了，就来到小过道里发一会儿呆，像是神笔马良，坐在自己笔下成真的海底世界。

基督受洗
皮耶罗·德拉·弗朗切斯卡作品
范一鸣非常喜爱的画家之一

我喜欢卡拉瓦乔、梵·高、罗丹那类作品与创作者生命联结很紧的艺术家。一鸣也如此,在他作品的背后也都有故事。知道这些故事,更能让人走进这些画,走近这个人。所以我觉得,记下的故事也成了作品的一部分,至少像是"道白"。

北漂的人很穷，经常吃了上顿不知下顿。那个时候一鸣还没有卖画，生活的唯一来源是周末给使馆区的外国人或台商的孩子当私教，一节课二十元，偶尔才能从胡同口的熟食摊买些肘子、猪杂碎回来打打牙祭。熟食摊老板记住了他，每天一看到一鸣的身影在小胡同出现，就立即提高叫卖的音调冲着他喊："肘子！猪蹄！尾巴！"由于口袋里没钱，再馋也没用，一鸣只得目不斜视，假装赶路阔步走过，暗自往肚子里咽口水。现在讲起来是个笑话，当时却是每天要受的折磨。

那时候张洁还没来京，一鸣的日子过得饥一顿饱一顿，常拿捡来的、被他用螺丝堵上破洞的铝锅煮一大锅挂面，再用酱油炸一点肉末酱，饿了就用勺子舀一勺凝成坨的挂面冻拌酱吃，一锅面要吃好几天，好几次吃到面条长毛，肉末发臭。

一鸣是在南方长大的孩子，从来没有生煤球炉取暖的经验，在倒呛了许多烟、封灭了许多次火之后，他虽然掌握了生炉子的技巧，但忽视了一个致命的常识。一是怕冷，窗户封得太死，居然没留通风孔；二是节省，连烧成灰的煤球都不舍得扔，堆在炉边借余温取暖。

有一天夜里，一鸣一个人在家画《风，轻吟着歌谣》。他一手拿着调色板，一手执着画笔，屏息静气，整个人完全沉浸在自己在画布上营造的那种静谧氛围里。画着画着，他忽然觉得胸闷憋气，站起来想到屋外透一口气，没想到刚迈出两步，就一头栽倒在地，

君士但丁大帝之梦
皮耶罗·德拉·弗朗切斯卡作品

圣彼得分配救济金与亚纳尼亚之死
马萨乔作品

浑身像醉酒一样瘫软无力。幸好房间很小,他朝着门口倒下时等于又迈出了两步。求生的本能让他用尽残留的气力往前爬,但根本就爬不动;幸好,他使劲伸直一条胳膊,指尖刚好能碰到木板门,房门没锁,被他推开了一条窄缝……几乎同时,一鸣昏厥在地,意识全无。刺骨的寒夜袭来,慢慢更新掉了他吸入心肺与血脉里的毒气,一鸣终于苏醒了过来。院子里漆黑一片,只有风声,他就这样在寂静中一个人经历了一次生死。事后回想,令人后怕:假如他那晚没有画画而是睡在床上,假如他晚站起来半分钟,假如那个房间再大一点或画架离门口再远十个厘米,假如当时屋门插着插销,那么这幅画就不会完成了，一鸣的今天就只能寄希望于来世了。风，何止轻吟了歌谣，还救了他一命，救了这幅画和他后来创作的所有作品，救了他与张洁的爱情。

听过故事再看这幅画，我的感受跟刚看第一眼时截然不同，不再觉得它是多愁善感的呻吟。画中的女子就是张洁，那身白衣，让我联想到法国音乐剧《罗密欧与朱丽叶》中的命运女神，注定了要陪伴他一起面对未来的生生死死。

犹大之吻
乔托作品

盲　女

在《风，轻吟着歌谣》那幅画的对面墙上，挂着一幅题为《盲女》、尺寸很大的三屏油画，扎实、娴熟的古典写实主义风格：在一片无花无草的礁石群间，在阴云密布的天空下，一位白衣的长发女孩手捧花环走过来，左右各有伸直手臂触摸的自己的造影，表情温暖、沉静、无惧；虽然看不到她的眼神，但能够感觉到她的坚定。聊到这幅画，一鸣的话变得多起来，并脱开日常人谈话的语境，如文学青年一样激情暗涌地给我背了几行泰戈尔的诗：

盲女
130cm×260cm
1994

有一天早晨,一位盲女来献给我一串盖在荷叶下的花环。

我把它挂在颈上,泪水涌上我的眼睛。

我吻了它,说:"你和花朵一样的盲目。"

"你自己不知道你的礼物是多么美丽。"

一鸣说,当他决定留下来当"北漂"后,没有正式工作,生活很不稳定,前途更不明朗。但在1993年初,张洁来到北京并留了下来,随身带去了她所有的一切——爱情。张洁的到来,为一鸣的北漂生活带来了鲜活的内容和动力,他从大杂院的小平房搬到了北京理工大学南门的一栋家属宿舍楼,随后发生了两人骑一辆车买棉被的那一幕。一鸣说:"当时我真的非常感动,觉得她就是诗中的那

这是一鸣和张洁的第一张合影,于1993年夏天拍摄于北京的紫竹院公园,一对名副其实的金童玉女。

个盲女,她爱我,爱得这么盲目……"于是,他在那间多户公用厨房的昏暗、逼仄的筒子楼里创作了这幅画,是感恩的表达和爱情的见证。这份爱情对于张洁来说也很重要,她说与一鸣的结合使她改变了许多,一鸣细腻的情感、充沛的情怀、丰富的修养、艺术上的追求以及他沉溺其中的精神世界都潜移默化地影响了她,使她的内心二度成熟。"我这辈子要是没有跟他,生活很肯定会是另一副样子,可能会过得很平淡、很粗浅。"这是张洁的原话。这个并无波折的恋爱故事听起来简单,但由于在今天很少能听到,所以还是深

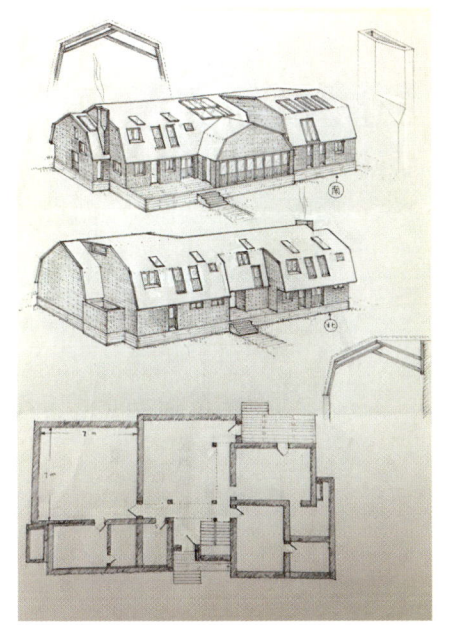

一鸣设计的家及工作室，2009年于大兴。

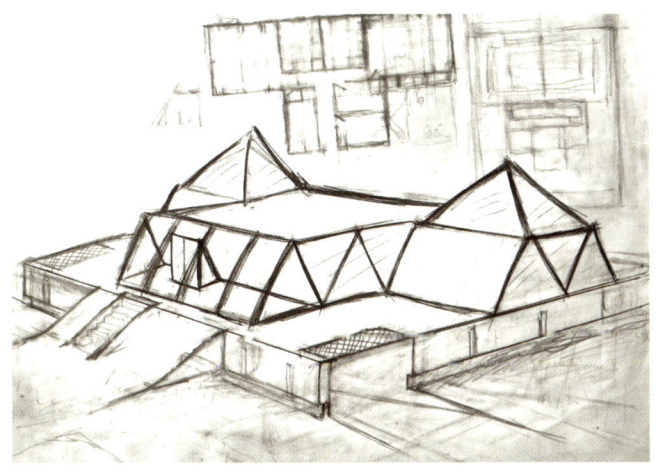

二十二年前当一鸣还住筒子楼的时候设计的家。

结婚证上的合影便是两个裸婚年轻人唯一的"婚纱照"。

两人结婚22周年纪念日,在敦煌的月亮湖畔明月的映衬下,儿子范宽按下的快门。

深打动了我。

就这样,两个人在一间18平方米的出租房里建立了家庭。人不再孤独,但日子依旧窘迫,张洁虽比一鸣会做饭,但巧妇也难为无米之炊。好在那时的年轻人习惯了贫寒,更依赖与物质绝对无关的精神生活,心里揣有未来的梦想,因此不会像现在的人这样,会因为过穷日子感到羞耻和不幸。

张洁来北京不到半年,跟她要好的黄丽芳也因种种原因辞职来到了北京,共同北漂。三个老友重聚自然非常开心,当然偶尔也有擦枪走火的时候。有一天,三个人在一起不知怎么说起了鞋子,丽芳心血来潮地冒出一句:"老范,你的脚好小啊。"张洁在一旁哈哈大笑。没想到,平日反应总比别人慢半拍的一鸣,这次突然反应异常迅速,并戏剧般地超敏,冲着丽芳怒喝一声:"你侮辱我!"

把从没见过他发怒的丽芳吓得当即大哭起来。那一刻，生活中的所有委屈也随之涌出，女孩抽泣了足足有半个小时。这一下，一鸣也被自己过激反应的结局吓了一跳，那个百般温柔、性情和顺的男孩又复活了。他赶紧凑过去安慰、道歉，喋喋不休地自责，最后跟不知所措的张洁一起拉着眼睛哭肿的好友去吃了肯德基。在当时作为一个穷得叮当响，连每月150元房租还时不常得拖欠的画家来说，肯德基算得上奢侈级别的了。

黄丽芳说，在学校的时候，通常是她跟张洁欺负一鸣，从未想到一鸣还会发脾气，而通过那件小事，她第一次意识到一鸣实际有着超敏感的自尊，是一个外柔内刚的倔强男人。张洁也讲，一鸣的

至今在一起仍忍不住相互调侃的"三人行"。
左起：范一鸣、张洁、黄丽芳。

脾气藏而不露，一旦发起来很吓人，不过风声大雨点小，并无杀伤力，即使吵嘴最激烈的时候，也不过是恶狠狠地随手抄起身边的一样东西摔在地上，像命运交响里的休止符，让疾风暴雨般的争执戛然而止。不管张洁这话是出于对丈夫的袒护，还是因夫妻就是胳膊腿儿，总之我听出了默契和爱意。

一鸣爱听崔健唱的《一无所有》，因为正对他那时的处境，他就是在一无所有的时候拉住女孩的手；确切地说，是女孩拉住他的手，爱情使他从一无所有变得拥有了一切。成家后的第四年，张洁

富梅与一鸣在北京的家中合影。

Lee小妞
54cm×73cm
1994

在一家出版社做平面设计，一鸣还是靠当私教赚一点收入，他将主要精力放在了创作和小圈子内的艺术活动上。回忆那段北漂生活，张洁常提起一位善人的名字——富梅。

富梅是一位在北京生活的英国商人的太太，自己热爱艺术，也怜惜像一鸣这样为追求艺术而挣扎的未来艺术家。她有两个孩子，请一鸣去家里为孩子们画像，给她的儿子潘潘做美术家教，实际上是想以自己的方式帮助他。另外，她还主动帮住一鸣、明月等画友介绍画肖像的客户，介绍他们进入各种的艺术圈子，使一鸣的生活逐渐开阔起来，朋友也开始滚雪球。偶尔，有朋友介绍外国友人到他家看画，客人到了楼前，一鸣才突然想起什么，让朋友没话找话地缠住客人，自己箭步进屋，跟妻子火速刨出一块能落足的地方。小夫妻虽过着吃了上顿不知下顿的不安定日子，但由于精神生活上的满足，也确实不为下顿发愁。

张洁自从1993年到了北京，就跟一鸣形影不离，先是在一家广告公司谋到一个职位，这份固定的收入，终于结束了一鸣朝不保夕的日子，无论生活还是感情上，都有了一根可靠的支柱。不过生活还是很拮据，小两口要省吃俭用。有一次，他俩在街摊上买韭菜馅饼，先精打细算地买了六个回去，男四女二，吃完了就跟没吃一样；两人立即下楼又买了十个，男五女五，吃完不但没饱，反把馋虫逗引了出来；于是小两口又手拉手地下楼买回十个……二十多年里，他俩从朋友、恋人、夫妻到生活中同甘共苦的知己和难友，两人的生命早已合二为一。他俩的关系已不是一般意义上的胳膊腿儿，而是左心房跟右心室的关系。许多时候，女人对男人的了解，胜过男人了解自己。

工业文明

从一个人漂,到两个人一起漂,一鸣自从美院进修结束后,像所有北漂的艺术青年一样,揣着梦想像没头苍蝇一样盲目而执着地寻找着一块属于自己的舞台。那之后的八年,是他生活中最焦虑、最嬗变、最多彩、最欢愉和不羁的八年,由于缺少安全感,所以试图抓住所有可能抓住的机遇;由于缺少归属感,所以挥霍青春地信马由缰;由于还没有自己的画风,所以也能不抱歧见地关注、揣摩、吸取并试图消化能引发他兴趣的一切。

别看生活中的一鸣有点反应迟滞,用魏翔的话说,"总比别人慢不止半拍",但是他在艺术上的敏锐、闪速、悟性和吸收能力却很少有人能比。八年里他吸纳百家，从内容、形式到材料、技法都作过多种尝试，虽然寻找自己的过程也是迷失的过程，但也凿实了他的绘画功底，使技法不再成为他创作的障碍。

在一鸣家的茶室里，他给我播映了自己早期旧作的幻灯片，有讲述城南旧事的印象风景，有强调中国元素的唐三彩静物，有学院派写实的肖像画，给我印象最深的是一幅嫁接了超写实和超现实主义的《工业文明》：一个由废铜烂铁拼凑成的人形在酷热无风的戈壁大漠上疾跑……

创作这幅作品，一鸣还是受法国超写实主义画家克劳德·伊维尔的影响。伊维尔不仅是著名画家，还是研究油画材料的专家，他在上世纪八十年代和九十年代几次来华办研修班，对正陷于窘境、尚无一套完整的油画材料技法知识体系的中国油画界来说堪称雪中送炭，后来成为名家的冷军、杨飞云、庞茂琨、胡建成、韦尔申都跟他学过。一鸣没机会听他的课，但找来一套伊维尔讲授油画技法的视频教程录像带和一本教材在家里仔细研究。那本教材的印刷质量非常差，只有几张是彩页，还在套色时印重了影，不要说看不出笔触了，就连人物的眉眼都模糊重叠。就这样，一鸣一半靠猜，一半靠悟性，很快掌握了超写实画技的要领，并构思了这幅《工业文明》。

创意之后，他和张洁一起到废品收购站选购废品。收破烂的老板以为自己听错了，满腹狐疑地连问了几遍："你们想买破烂？"他

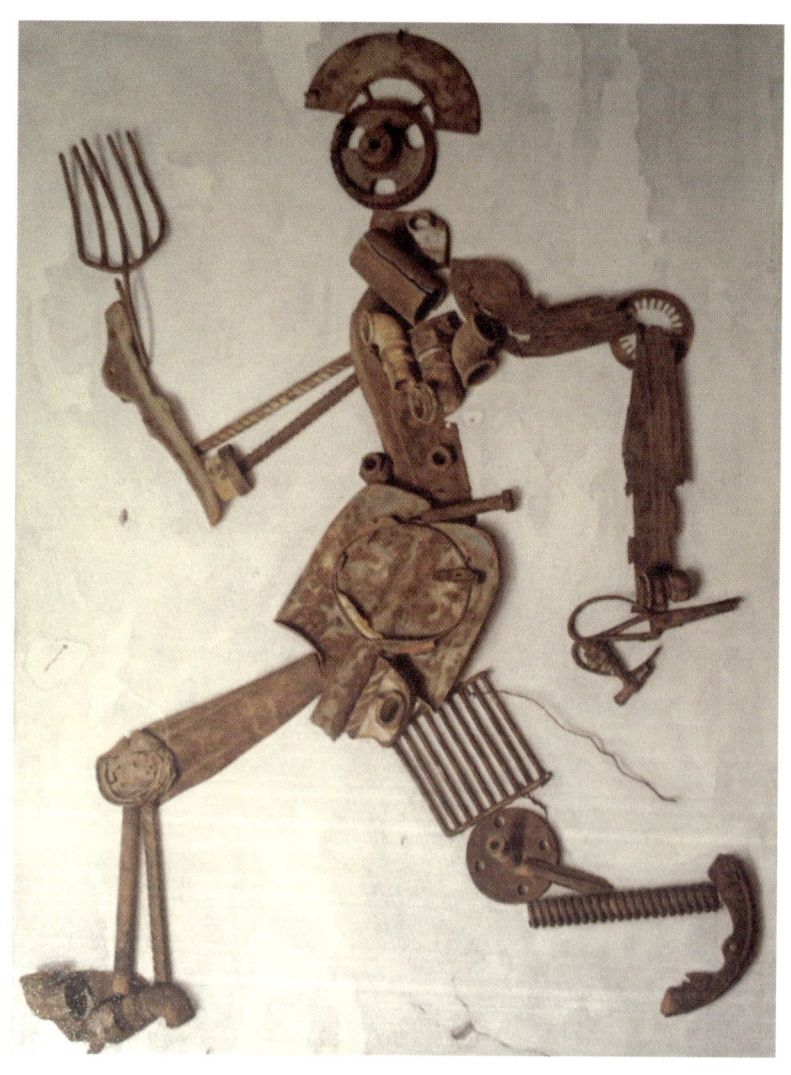

废铁
114cm×146cm
1998

只见过卖破烂的,还从没见过买破烂的。一鸣赶紧向对方解释,他买破烂是为了回家画画……两人在别人异样的眼神下,互相商量着在破烂中挑拣,铁锹、铁叉、弹簧、齿轮、铜管、剪刀、铁箅子……张洁则使出逛自由市场的砍价本领,不依不饶地毫厘必争:"能再便宜点儿吗,能再便宜点儿吗?"最后,他们付了33元,跟淘宝归来似的拎回一麻袋生锈的废旧金属。过马路时,他们听到身后传来的哄笑声,想来在他们看来这对小夫妻肯定脑筋有病:只听说有人画风景画花鸟画水果画人,从没听说有人画破烂的……

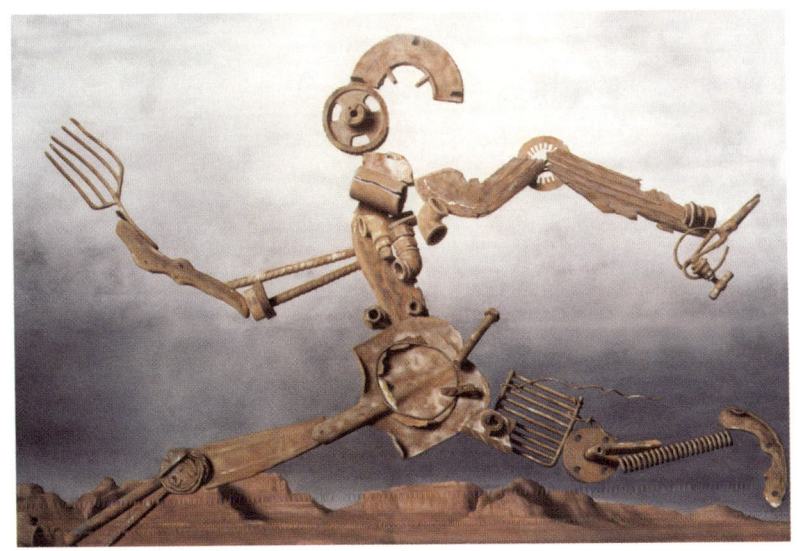

工业文明
60cm×97cm
1998

当年一鸣尝试伊维尔技法时期,张洁也来凑热闹。一鸣把从建筑工地捡来的废木材和牛角用麻绳捆扎在一起,给她摆了一组静物。张洁仅仅起了稿,刚画到素描效果阶段,不知该如何继续深入,便没了耐心,于是一鸣拿起画笔把它最终完成。

刻着经文的牛角
60cm×80cm
1999

　　回到住处,一鸣趴在地上一遍遍地拼接,胸腔里怀着女娲造人的豪情。变废为宝,一鸣做出了艺术范儿的注释。这个题材他总共画了两幅,每幅都花了两三个月时间。每隔五六天,他就会跪在地

凝望最后的净土
146cm×113cm
2007

上拿一把小刷清理一次,既要清掉金属物间的浮尘,又要小心不碰乱摆好的图案,用张洁的话形容,就像考古队员清理千年古墓,艺术精神让位给了科学精神。

第一幅画,是白色背景下拼接成的站立的人形。画完之后,一鸣将作品靠在房间内的白墙上,惹得来做客的朋友都忍不住凑过去伸手触摸,以为真在墙上挂了一串废铜烂铁。第二幅画,一鸣让这个"人"奔跑起来,并且置身于橘黄色的大漠。工业文明的飞速发展,留下的是一片文化荒漠,我想这是这幅画的立意。十年后,他画了一幅《凝望最后的净土》,一位身躯像山一样的藏族老妇,正手搭凉棚忧心忡忡地朝远处眺望,肥沃的草场已被工厂埋葬,断壁残垣象征古代文化的衰败,画家表达的心情一目了然,可以说是《工业文明》的写实版,超现实主义的现实主义变奏。

也许回过头看,《工业文明》是一鸣所有作品中最不像他作品的一幅,但我还是认为这是他的代表作之一,至少我从作家的角度看,从他生命的轨迹看,这是他北漂八年的内心写照:狂躁、焦虑、野心、迷茫、愤青,还有浑身消耗不完的能量。那时的他,就是一个狂奔者,是奔向什么?还是逃离什么?还是只为用奔跑证实自身的存在?也许,这幅画的标题并不贴切,他质疑的与其说是工业文明,不如说是抽离掉精神的消费文明。那时的他,就像一个有中国特色的摇滚青年,充满了消耗不完的激情、无限无度的吸收力、近乎理想主义的个人梦想和不带怀疑与破坏性的正能量。

前桃园

　　一鸣是个兴趣很广的人，用当下的说法，是"闷骚型"。跟他聊天，不仅能聊绘画、文学、历史和宗教，还可以聊音乐；不仅能聊交响乐、民乐，而且还能聊摇滚。闲谈中，一鸣得知我弟弟余伟民是跟窦唯、何勇组过乐队的摇滚鼓手，而且参加了1994年香港红磡"中国摇滚新势力"的演出，这突然触动了他闲置已久的一根神经，居然兴奋地道出了一个尘封已久的摇滚梦。

　　一鸣说，北漂的时候，他跟王明月都是摇滚迷，年轻、气盛、追星……但是，那个时代年轻人的追星，既不看颜值，也不看地位，更不看财富，而是看是否能在自己"一无所有"的理想主义世界里响起回声。明月是个好交朋友的人，周围有不少歌手、乐手的弟兄，他经常拉一鸣丢下画笔跑遍京城找音乐会听，不管是地上的地下的，犄角旮旯都不放过，为能在演唱会后跟崔健合一张影儿兴奋不已。除了崔健，一鸣还爱听唐朝及ENGMA等国外的摇滚乐团，自然也听过何勇的《钟鼓楼》。那些年，他也常参加在京外国使馆举办的各种展览和演出，跟当时的"北京杂种"们有过些交集，很羡慕摇滚人的张扬无忌。有一段时间，他在创作上徘徊不前，找不到适合表达自己的题材和风格，一度曾一本正经地想过改行当鼓手，甚至买了几本鼓谱，"只是因为架子鼓太贵，而且那时候租房住，在前桃园，即使买得起鼓也没地方打……"

"前桃园？"我惊异地追问，"你是说西内的前桃园吗？"

"是啊……"世上的事情真是巧而又巧，我们不仅话越说越投机，而且无意中发现，1997年他画那幅《工业文明》时，居然跟我家住同一栋楼，仅仅隔了几个楼门而已，只是那时候我已不在国内。缘分，这东西让人不能不信；朋友相识，也是根据气味的。

几天后，我把弟弟也带到了他的画室，大家都觉得相见恨晚。"那时我要听到你练鼓，肯定会敲门找你的。"一鸣说。

"幸亏没听到，否则就没有这些画了。"伟民笑道。打鼓确实是一桩"扰民"的手艺，伟民当年在家练鼓，经常遭到邻居踹门。后来他只好在哑鼓上练，再后来才有了静音鼓。

现在，一鸣虽不再迷恋摇滚，但音乐情结始终没断。作画时，屋里总响着古典音乐，而且是一位音响发烧友，在画室里摆了一套很有设计感的胆机功放及一对据说设计于八十年前，跟当年蒋介石先生书房里同款的音箱，看上去像一套精美的古董家具，让人禁不住有触摸的欲望。他说，他画画的时候必须听音乐，音乐是他另一种表露情感的辅助语言，尽管通常是自言自语。

一鸣说，他们在前桃园租的那套房是一室一厅的小公寓，而且位于六楼顶层，冬冷夏热，有个小露台；不过有一个很符合他俩心性的便利，就是可以翻露台的墙到楼顶上散步。他俩是1994年搬过去的，那时的北京城还胡同如织，楼少，车少，天蓝，空气还清；

至今仍不懈地走在摇滚路上的鼓手余伟民同一鸣在画室聊着共同喜爱的摇滚。

夜里举头就能望到北斗，入梦前能听到蟋蟀声。楼顶上的那块水泥平台，俨然是他俩专属的私密世界，平日远看，没有遮挡，清晨环保工人扫地的沙沙声，还没给二环的车流声盖住。当然，在炎热的夏夜，偶然也有别的邻居爬上来歇凉，扇着芭蕉扇，拎着收音机，跟这对年轻人擦肩而过，只是用眼角打量对方，但不会开口打招呼。黑暗中看不到对方的眼神，但让一鸣觉得，像自己的领地遭到了入侵者的冒犯。

张洁说，他俩搬到前桃园之前，曾在理工大家属宿舍的筒子楼里住过两年，只有一个房间，厨房是四家共用，厕所在楼道里，好几十口人公用；一家人炖肉，几家人闻着，恨不得一个人跑肚，许多人都知道。张洁记得有一回上厕所，听见男厕所门外一个小丫头稚嫩、乖巧的嗓音在问："爸爸，你在第几坑儿？"没有应答。于是小丫头不依不饶、一声响似一声地接着问："爸爸，你在第几坑儿啊？"终于，一个沉闷的声音严厉又无奈地回答道："快回去！"把这边的张洁差点乐出了声。

刚刚搬进前桃园时，两个年轻人兴奋得直蹦，先是数门，然后再数水龙头……那套房面积其实很小，总共也就30平方米，但他俩感觉像住进了豪宅。

"一鸣，咱们也能有这么多扇门啊！"

"水龙头你肯定漏数了，厕所暖气管上还有个防水阀……"

房子本来就小，唯一的房间还要给一鸣当画室，小两口只能睡

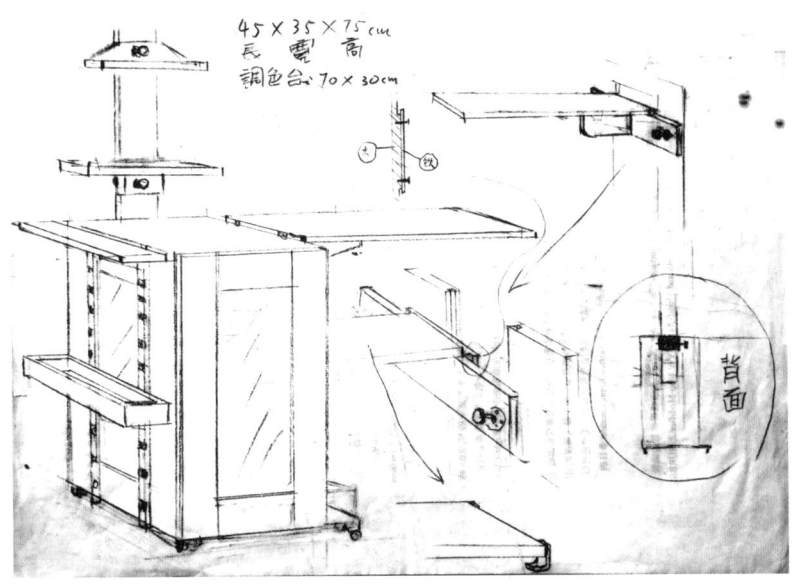

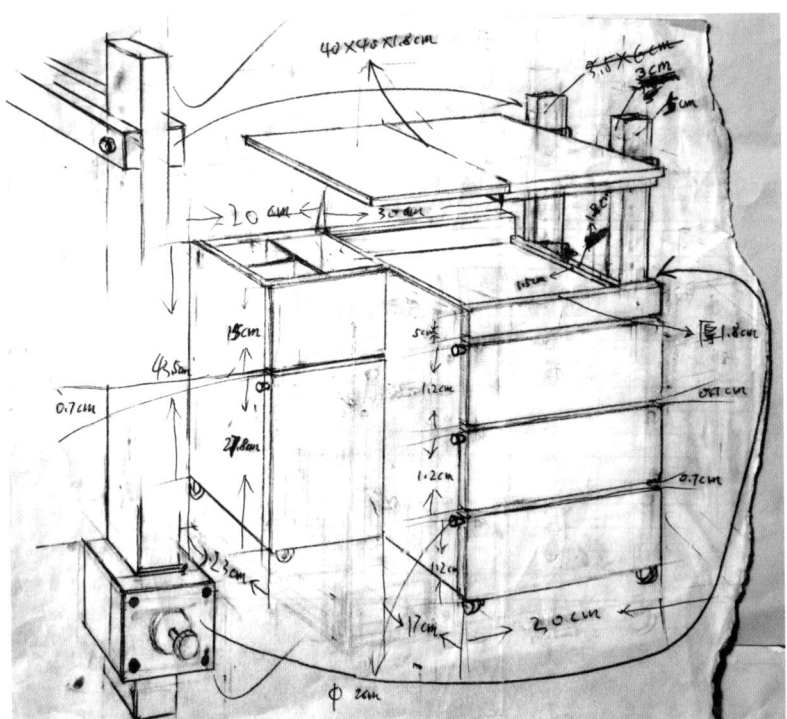

一鸣设计的两款不同的调色台。

在巴掌大的门厅里。进屋是床，连坐的地方也没有。前桃园这套房虽是陋室，但让他俩有生以来第一次感到有了隐私的空间，想做饭不用先观察有没有别人占据厨房，上厕所用不着跟邻里寒暄，即便住的是出租房，但进屋锁门的刹那，感觉世界都是自己的。

今年夏天我又回国，一鸣和张洁特意跑到前桃园来看我，也打着看我的名义来看看北漂时住过的老楼。一进我家屋门，两个人就重温旧梦似的忙着数门数水龙头，一鸣兴奋得像个孩子："我们住的那套，格局跟这个一模一样，就是没有这间小屋……"走的时候，他俩还特意转到曾经住过的单元门口大发感叹。"就是这儿，就是这儿！这个还在，这还在呢！"一鸣指着楼下那一排自行车棚，兴奋得口吃，"当时，我就是把画扛到这里拍资料的，这里光线比楼顶上的好。"

张洁说，那时候他们买不起专业相机，一鸣有时请在煤炭文工团当舞美的孙彪帮忙来拍，因为朋友有一架让他羡慕得流口水的哈苏相机；也有的时候，一鸣不好意思总麻烦人，就用自己那架水壶状的"佳能傻瓜"凑合拍。当时觉得自己拍的效果很差，但后来好些画不是卖了，就是被人骗走，这些照片成了珍贵的记忆。

二十年过去，京城大变，但前桃园像是被遗忘的角落，依旧是路窄楼破，可一旦跟青春联系到一起，顿时变得价值连城。

彷　徨

　　在京城漂泊了九年之后,在范一鸣的艺术生涯里发生了一件对他影响至深的大事:1999年,一个偶然的机会,他随几位前辈画家结伴去了一趟西藏。说是偶然,其实是冥冥中被命运指引,他上路的时候,觉得已为此准备好久了。当时,一鸣正处于创作的低谷。

　　北漂那些年,一鸣一直没有中断探索和研究,试图找到适合自己的绘画语言。他先后给自己的作品穿上过古典写实、现代写实、超写实、超现实、印象派、象征派、意象派、装饰派等许多种外衣,虽然也创作出了几幅满意的作品,但始终觉得跟自己隔着,尚未触到灵魂最核心的东西。上世纪九十年代初期,他一度倾心的创作题材多偏重于文学性、叙述性、图解式，即使表达了一部分内心情感，但后来还是发现，"这种创作跟绘画本身没太大关系"，于是开始研究绘画语言。可是，学院式的古典风格，古人早已发挥到极致，自己消化得再好，也没有太大意义；研究绘画肌理，但要附着到题材才有意义；研究色彩，他自知不是自己的强项；研究光影，谁又能超过伦勃朗？他曾想用克莱姆特的那套手法画京剧，形式化地融合中西方元素，但观者在看了零点几秒之后，就会反应到这是在学克莱姆特，他画了一幅，就沮丧地放弃了。

一鸣的创作进入了彷徨期，用他自己的话说，"花了很长时间，也走过许多弯路，一度困惑得对绘画失去了热情……"就在这时，他想起了西藏，迫切地想去高原的世界"换一换脑子"，尽管那时他对西藏一无所知。如果说知道什么，只知道那里离太阳最近，离内地最远。生活中许多事情的发生不是按照计划，而是按照逻辑，每个人都在遵循、但自己并不清楚的逻辑。总之，他开始在圈内打听有谁计划要去西藏，想结伴同去，因为那时去西藏的内地人还很少，信息也很闭塞，在许多汉人的脑子里，藏人都是身佩腰刀的拼命三郎。

问来问去，他通过朋友刘瑞春得知，从上世纪七十年代开始就致力于西藏题材创作的耿万义先生跟几位同学每年入藏。听说一鸣也想同去，年长二十多岁的他痛快地带上了这个小伙子。

动身之前，一鸣刚完成一套《月亮》组画，五幅画面的主题，

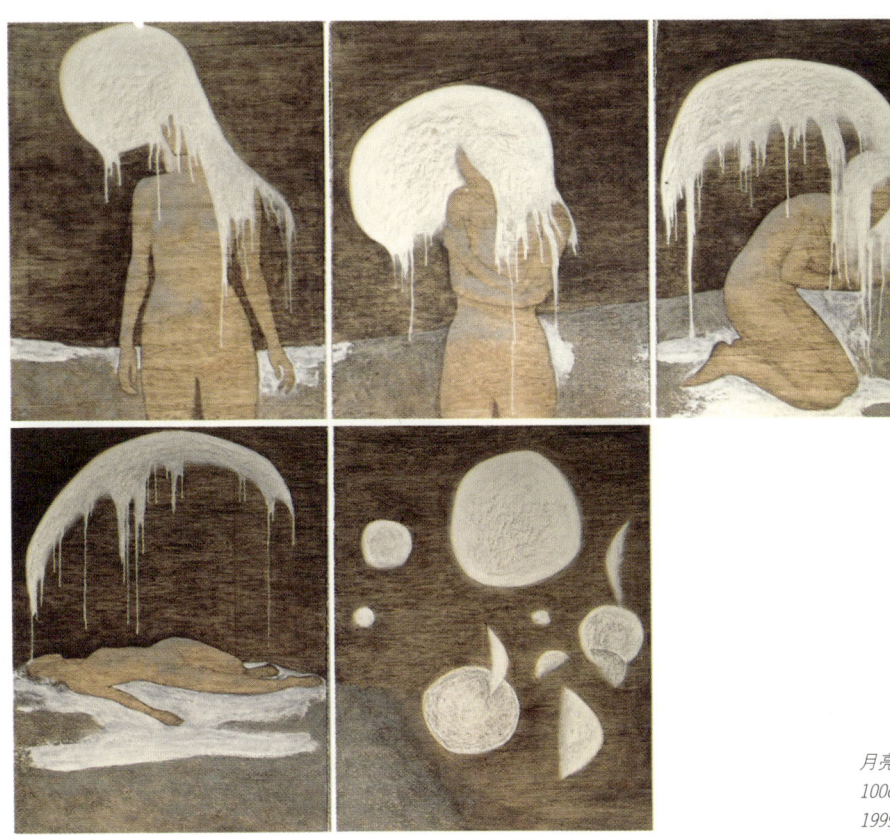

月亮组画
100cm×500cm
1999

都是月亮和女人。带着光晕的月亮从圆到缺,女人也从饱满占据画面空间,到弓腰下蹲,抱成一团,最后一幅,月亮像滴淌的蜡烛流到了地上,天上只剩下一条月牙,女人冻得快要死去……

在我看来,这幅画与其说表达了女人在寂寞熟悉的世界里接受了归宿,不如说体现了画家自我消耗后没有出路的绝望。这就是一鸣动身去西藏时的心境,他想到一个全新的陌生地,将过去清零。

新大陆

一鸣第一次入藏，去的是甘南藏区。由于同行的画家中有的年岁较大，所以他们只去了拉卜楞寺和周围地区。不管怎么说，那是他第一次踏上高原的土地，第一次呼吸雪山下的空气，第一次离太阳那么近地沐浴阳光，第一次看到了人与自然的原生状态，藏区的一切对一鸣来说都是全新的，天、山、云、光、近在咫尺的雪山、像液化水晶的河流、让人想投胎骏马在上面撒欢的牧场；当然，还有藏族人的形象、面孔、服饰、色彩、神态和体态。在西藏，他惊愕地发现了一个幻想过，但并不知道其存在的由精神主宰的纯净尘世。

寺院大殿前辩经的喇嘛

正像一鸣自己说的:"也不知是应了前世的授记,还是冥冥中的牵引,当我满怀热望地第一次踏上高原土地,呼吸着氧气稀薄却异常纯净的空气时,竟觉得如此亲近和似曾相识!连绵起伏的草场、层层错错如仙境般的峡谷、甘甜清冽的溪流、空灵的寺院、诵经的喇嘛、虔诚的朝圣者、质朴的牧民,随着行走的进一步的深入,我不断地深切感受到这片土地和她的居住者们那种千百年来一如既往的淡定与超脱。"

这次入藏,说是偶然,其实是必然;偶然的发生,因为怀了潜意识的期待。早在上初中时,还是少年的范一鸣,有一次在家中

藏族妇女就着清冽的溪水洗着长长的头发。

金刚舞

订阅的《江西画刊》上看到了陈丹青创作的《西藏组画》。尽管那时的他还没有拿过油画笔,更不知这组画在当代中国美术史上里程碑的意义,但画面使他身心受到的震撼,一直持续至今。当时他就萌生出一个念头:以后一定要去西藏。那时的西藏,对还没出过城镇的孩子来说是个遥不可及的地方。真到了藏区,他的感受多得难以表述,但状态可以简单、准确地归结为两个字:兴奋。他看到风景兴奋,看到藏民兴奋,每天醒来,为自己能在这里活着兴奋,尽管他对那里的文化、历史还了解得很少。对一鸣来说,西藏的一切都是崭新的,与他过去经历的事情、受过的教育、掌握的知识、接受的灌输无关。毫无疑问,他发现了新大陆,无论有多少人去过那里,但对他而言,对范一鸣而言,这是他为自己发现的新大陆,其震撼和影响又远远超过了《西藏组画》。当然,他对从未谋面的陈丹青心怀感念,若没有他的作品,他不会想到竟有登天的路。

在藏区,他跟所有第一次去西藏的人一样感受到了自己的渺小和束手无策,他用眼睛、用镜头、用速写笔试图捕捉一起,记下一切,这才意识到手脚的笨拙、语言的贫乏和大脑的无能。即便他的大脑有上百亿的细胞,但竟然不够他用来记忆一片云。激情、诗意、灵感,什么都不足以表达置身高原的感受。让一鸣的心灵最受冲击的是看到西藏人磕等身长头,每个人都满头满脸满身尘土,虔诚的表情和专注的神态,仿佛透射出内源的光。一鸣说:"我被磕

甘南郎木寺大峡谷入口处标志式的岩画

长头人的眼神打动了,那么纯净,那么平和,没有贪求,没有侥幸,跟在内地庙宇里看到的烧香拜佛者截然不同。"

在一鸣眼里,藏族人最美的时刻,就是他们虔诚的时刻;而他们的虔诚,表现在生活中的每时每刻。或许正因如此,在他们身上具有我们多欲、脆弱的生命中所不具备的坚定性、精神性和恒常性。这激发了一鸣的艺术冲动,他想画西藏,画西藏人,不仅画他们生活中短暂的不死,更画他们超越生死的灵魂永生;他想将他们的形象和自己的理想一起化石般地留在画布上,获得永恒。

终结者

在很早以前，范一鸣就对西方文艺复兴时期的美术作品感兴趣，他喜欢文艺复兴早期的意大利画家的作品，如乔托、弗朗切斯卡和马萨乔的湿壁画；他喜欢德国文艺复兴时期并驾齐驱的三位大师，克拉纳赫、丢勒和丢勒的老师格吕内瓦尔德，对这些大师的作品，他作过深入的研究，那种轮廓优先、色彩神秘的绘画语言很合他的艺术口味，只是苦于没找到用武之地。因为那些手法，不适用于简单、刻板、缺少变化、只能通过夸张和变形才能表现的现代人服饰，不适用于冰冷、单调、缺少生命的水泥楼房、玻璃钢大厦、铝合金门窗……然而，来到西藏，震撼之余，范一鸣感到自己睁开

受胎告知
达·芬奇作品

了天眼,发现了多年来冥冥中嗅闻的方向,找到了自己梦想寻找的一切。

他发现,藏族人的服饰跟文艺复兴时期人的服饰一样,非常适合绘画表现,无论款式、造型、装饰和质感,哪怕只是一件手工打制的绿松石头饰、玛瑙项坠、天珠项链或藏银手镯都充满了灵动,本身就是一件艺术品,就是一幅动人的画面。

他发现,西藏的生活虽在都市人看来"落后"和"原始",但实际更贴近生活本身和生命本身,更贴近自然与自然人和谐、平静、温暖的本质;在一鸣看来,更贴近美的本身,艺术本身。

他发现,藏人虽然远离我们乐此不疲追逐的现代文明,但他们的快乐要比我们多得多，真得多，纯得没有杂质；内心没那么多的物质欲望，更多的是虔诚的信仰和人与人的信任；他们对生死看得很透，有着所谓文明人无法承受之重的自由。在他看来，那更是文明，是人类在追逐物质文明的过程中日益丧失的自然文明，史诗文明。

他发现，西藏的一切与他钟爱的文艺复兴语言归属同一个语系，以灵魂作辅音，时间作元音，在非物质的空间里才可能有回声。中世纪的西方绘画多取材于圣经故事，追求庄严肃穆的宗教感，对光与造型有特殊的认识和应用；画家有意识削弱色彩变化和

督复活
吕内瓦德作品

自画像
丢勒作品

维纳斯与丘比特
克拉纳赫作品

素描关系，追求表达最精神的东西。画面上的人物的表情没有那么多喜怒哀乐，与世俗生活拉开了距离，给人以遥不可及的崇高感。这恰恰是一鸣一直追求的超世俗神秘和艺术效果，从《天韵》到《盲女》到《月亮》组画，都可嗅出不食人间烟火的脱俗气息，只是，那些作品含带了太多文艺、诗化、呻吟和经营的成分，远不像眼前的西藏这样浑然天成。

天边的歌
100cm×100cm
2000

小朗穆
30cm×130cm
1999

一鸣说:"在西藏,我看到的都是我想要的,重新唤起了我对绘画的热情。高原给我做了一次彻底的洗涤,我脑子里再没有那么多的想法,觉得过去所谓追求个性、寻找风格都是以空对空的书生匠气;从藏区回来,我的脑子变得干干净净,只有一个念头,回到画室,拿起画笔。"

从甘南回来,他创作了第一幅西藏题材的作品《小朗穆》,如受天启,在这个纯朴美丽的少女身上,在每绺羊毛、每个皱褶、每件饰物上,他都发现了自己对美的个体认知和表现语言。对一鸣来说,《小朗穆》是他创作生涯转折期的标志性作品。

随后的两年里,一鸣的创作欲望火山样喷发,一口气画了《卓

暖融融
73cm×90cm
2000

积云
90cm×73cm
2002

卓玛
55cm×116cm
2001

勒毛草　50cm×130cm　2002

没有风的早晨　73cm×94cm　2001

夫·妻
116cm×130cm
2002

玛》《积云》《微风》《勒毛草》和《天边的歌》等一系列以藏族女子为题材的作品,将他苦修已久却一直无的放矢的早期文艺复兴技法发挥得淋漓尽致,如同达·芬奇《抱银鼠的女子》再生,波提切利笔下的林间女神附体。他用极富唯美的浪漫笔调,营造出一个古老而现实的诗意空间。

"现在以西藏为题材进行创作的画家很多,可以说范一鸣把西藏人的美感融入得非常到位。他没有表现西藏的人迹罕至,而是从人物的服饰、人物形象及光线、画面形式上去强调一种唯美的感

纳穆大峡谷
130cm×90cm
2004

仰
100cm×100cm
2001

玛曲牧民
60cm×130cm
2015

觉。"画家刘元寿这样评价一鸣的作品。《天边的歌》中那位在高原上不经意地回首聆听天籁的藏女,透射出一股原始的优雅,流云如同飘摆的经幡,石头似乎也在无声地涌流。在我看过的许多藏女题材的作品里,一鸣的这幅最纯美灵动,我也禁不住屏住呼吸,朝她眼神瞥去的方向凝神倾听。

在那两年里,他还画了几幅贴近藏族人生活的写实作品,例如《吸烟者》《夫·妻》《暖融融》和《仰》。《仰》这个题目起得很好,画的是一位匍匐在地的磕长头妇女,她身体的"俯",表现的是心灵的"仰",这是他第一次在自己的作品里注入了虔诚的宗教精神,色彩的处理极具冲击力,身体和泥土连成了一体。可以说从泥土里长出,也可以说归于泥土。

索甲仁波切说:"佛教把生和死看成一体,死亡只是另一期生命的开始。死亡是反映生命整体意义的一面镜子。"所以,一个人应该不畏惧死,也不畏惧活,应该"透过心性和真相的彻悟,找到终极的快乐"。一鸣的这幅《仰》,表述的正是西藏人的这种生死观。

他突然感到自己结束了彷徨,找到了自己。第一次西藏之行,成了他创作生涯的重大转折,成了他过去迷茫与彷徨的终结者。他说,当时他清楚地认定,"用文艺复兴的绘画语言讲述西藏的精神再合适不过,我能用我个人的技法将两者有机地融合到一起,让文艺复兴的审美在当代重生"。

洗　澡

上世纪九十年代末的藏区，内地游客还很少，食宿条件远比现在艰苦，洗澡更是一件奢侈的事。一讲起在高原洗澡的故事，平时说话拘谨、缓慢的一鸣就会情不自禁地加快语速，总皱着的眉头也舒展开来，音调起伏，绘声绘色，像是讲天大的开心事，不等别人听明白，他自己先呵呵地乐起来。

第一次入藏，同行的有耿万义、刘瑞春、张宽、周润武、王明月和孙彪等油画同行，其中耿力义、刘瑞春和张宽都是四十年代生人的老画家，钟情西藏二十载，始终致力于西藏风情的艺术再现，刻画栩栩如生的高原群像。一鸣第一次入藏就能跟他们结伴，很受

耿万义作品
90cm×73cm
2002

博拉寺大经堂无名人氏手绘的农耕图

他们的激情感染。他们到的第一站是格鲁派六大寺院之一的拉卜楞寺,藏语意为"活佛大师的府邸",每年正月都会举办晒佛节、法舞节和酥油花灯会等一系列盛大活动,藏民云集,是艺术家采风的绝佳时机。为了节省开销,他们找了一家便宜的旅社歇脚,跟陌生人一起睡大通铺,十五元钱就能睡一晚。说是睡觉,但经常失眠,因为膻味裹着汗臭,还要听近十个汉子的鼾声。由于又脏又冷,睡觉的时候没办法脱鞋,但城市人的洁癖又让他们觉得穿鞋上床太不合适,于是在两脚套上塑料袋,或用报纸象征性地一包,至少心里感觉"文明"了些。旅社的厕所里氨味刺鼻,熏得眼睛泪水直流,一鸣却在电话里跟妻子玩笑,说"厕所里的空气都好新鲜啊"。

旅馆里没有洗澡设施,他们忍了几日,转道郎木寺。这次他们吸取教训,放弃了省钱的原则,直奔当地最高档的宾馆,没想到那里的条件比拉卜楞寺的还要差。旅馆的被子估计从来就没洗过,脏兮兮臭烘烘硬邦邦的,用一鸣的话形容,"白被子看上去是深灰色","把被子搁在地上能立起来"。不要说洗澡水了,连漱口水都没有。

又忍了几日,一行人租车直奔诺尔盖,问了不知道多少家旅馆,最后终于有一家痛快地告诉他们:不但可以洗,而且能洗热水澡!他们高高兴兴地住了下来。所谓的浴室,是一间既没暖气,也不密封的毛坯屋子。"年轻的先洗!"不知谁出的主意,于是几个男人自动排序,一鸣冲锋,张宽断后。当然,这并不是照顾年轻的,而是照顾年长的,从理论上讲,浴室里洗过澡的人越多,应该就越暖和。

二月份的藏区离早春还远,天寒地冻,狂风呼啸,浴室的地上结了薄薄一层冰,窗户有框没玻璃,用图钉钉在木框上的塑料布也早已被风吹掉。一鸣缩着脖子进到浴室,一步一打滑地走到窗前,捡起又脏又硬的塑料布,费了好大劲儿才用图钉把它重新钉好,虽不严密,至少不会呼呼灌风。然后脱衣,放水。他浑身哆嗦着等了一会儿,果真来了热水。就当热水浇到凉皮肤的刹那,享受得不亚于华清池里的杨贵妃。大家按着年龄顺序轮流冲完澡,地上的冰融化了,浴室里也有了一丝人味和热气。可轮到张宽,刚淋湿身子,却发现热水渐渐成了冰水,一喊服务员,人说:"今天就烧了这么多水，抱歉！"可怜老先生只得郁闷地重新把衣服穿上……

第二天，张宽"咳咳"两声，说："今天年纪大的先洗。"说罢第一个进到浴室。大家竖起耳朵听隔壁的水哗哗流了好半天，都很起急，一鸣料定自己只能洗冰水澡了。就在这时，楼道里又响起洪亮的喊声："服务员，怎么没有热水？"服务员闻声赶来，抱歉地对光着身子冻得直哆嗦的画家解释："今天没有烧热水……"同伴听了捧腹大笑，安慰老张，干脆把身上的泥留到兰州，到时候洗个痛快吧。到了兰州，他们第一件事就是找澡堂，还差点为抢莲蓬

晨曦中的拉卜楞寺

头跟人吵起来……

  第二年,还是这队人马,还是先到拉卜楞寺,但住进一家新落成的宾馆。标准间没订到,住进了公用淋浴室的普通间。公用淋浴室其实就是公用厕所,里面多了个喷头而已。热水是有,而且供给很足,只是混水阀不大灵(或者说过度灵敏),往左掰一毫米滚烫,往右掰一毫米冰凉,老张倒霉,掰来掰去掰掉了开关,水像高压水枪般地喷射出来,他用手捂也捂不住,只得抱起衣服冲了出去,在楼道里裸奔……

  一鸣说,人到了西藏,都变得简单。都市里再多的欲望到了高原都会失重,高原缺氧的难受和物质条件的落后,都跟天近地远的风景一样成为自然人的体验,更复苏了人简单、快乐、旺盛的童心。如今,去藏区很容易订到标准间,洗澡早就不是问题,可一鸣反而忍不住抱怨:晚上他的觉是睡好了,但却少了许多故事。

成　瘾

千禧年，正当一鸣沉浸在西藏题材的创作中时，又是一个偶然的机会，他应友人之邀为英国前首相爱德华·希思爵士画像。这位友人不是别人，他就是希思的私人秘书、时任英商会主席贝彼得先生。

贝彼得跟富梅女士的丈夫是好朋友，有一次他去富梅家做客，在墙上看到了范一鸣和王明月画的肖像画，十分欣赏，就提出请他俩为希思爵士画像。贝彼得说，虽然在此之前，希思爵士请过多位英国画家为他画肖像，但都不是非常满意，未能表现出老人丰富的人生阅历和宽厚的精神气质。要知道，老人木匠出身，学生时代反

一鸣让老人坐在一片"文艺复兴蓝"里,
烘托出当代政治家内在的古典气质。

爱德华·希思
60cm×80cm
2000

对绥靖政策，参加过诺曼底战役，做过小公务员、大银行家，爱弹钢琴，指挥过交响乐队，五十岁开始航海，终生未娶，将爱情献给了政治生命；他当了半个世纪议员、十年党魁和四年首相，率领英国加入欧共体，启动中英建交……为这样一位老人画像，需要在画布上表达的东西远比相貌特征多得多。贝彼得是位很懂画的绅士，他从一鸣的画里嗅到了什么。

2000年，希思爵士第二十五次访华，贝彼得先生特意安排两位年轻画家去钓鱼台国宾馆为老人作画。一鸣花了两个月时间，创作了一幅格外传神的半身坐像，不仅贴近这位风云人物的内心世界，也体现出了画家扎实、严谨的学院派功底。老人看到之后十分满意。

2003年夏天，为了表示对中国画家的感谢，希思爵士盛情邀请范一鸣和王明月去伦敦作了一个月的学术交流，富梅女士亲自陪同。在那一个月里，从来手不离画笔的一鸣居然没画一幅画，甚至连张速写都没有！他每天都泡在大大小小的美术馆、博物馆里，从人家开馆看到闭馆，不吃不喝，一分钟都不舍得浪费，他试图将看到的每幅画都刻入记忆。要知道，他膜拜、研修了那么多年的西洋绘画，这是第一次看到这样多的真迹！他在亲眼看到无数欧洲大师的作品之后，确信文艺复兴的绘画语言是自己个人艺术语言的源泉。

然而对于一鸣来讲，希思爵士肖像的成功只是他创作生涯中的一段小插曲，虽然他走进了政治家的内心世界，但离他寻找的艺

2008年夏天,在伦敦郊区裴士高先生家中烧烤。
左起:裴士高、裴太太、富梅、桂秋林、范一鸣。

术世界相当遥远。所以,尽管一鸣画这类肖像可以画得很好,但是他画得并不多,也许是因为他觉得这样的创作规矩有余、个性不足吧。能画得很好,不等于能很好地表达自己。从英国归来,他又一头扎进了西藏题材,从那之后,他再也不画别类的题材,并且每年都要去一两趟西藏,至今已经坚持了十五年。每年春节,他都要去甘南参加正月的晒佛节,从北京飞到兰州,再从兰州乘车到拉卜楞寺,在那里落脚几日,然后去玛曲或碌曲,深入牧区生活。最初的那一班旅伴年岁大了,去西藏少了,一鸣和朋友又组织起了新一班年富力强的同龄人。

在西藏旅行,坐车是件辛苦的事。所谓的路,多是被一鸣戏称

银佛龛
请注意中心内露出的一小角织物,那是由金丝线细细织出的金色哈达,据说是清代遗留下的十分珍贵的物件。

为"搓衣板"的碎石路,颠上一天筋疲力尽,颠上几日浑身散架。即便同行的是同龄人,一鸣总习惯照顾别人,自己抢坐在车尾,经常被颠得头撞车顶,有时一天下来,头上能撞肿一个包。即便这样,他也从不抱怨,总是用最快乐开心的讲述向妻子"汇报"。不过,一鸣这么做并不是为了安慰张洁,而是确实觉得无怨可抱,只要在西藏,他就什么都好,艰苦也成为他兴奋的理由。

去西藏采风,离不开拍照,但一鸣很尊重藏民的感受,通常用长焦远拍,不影响当地人的正常生活,他对内地一些人的那种无礼强拍非常反感。每次动身前,他都有具体作品的构思,心里已有预期的形象,所以很少端着相机无目的地狂拍,更多的时候是用心目寻找。一旦找到了满意的模特,他会跟他们交成朋友,到藏民的家中或牧区去拍。最初回到北京,他会把照片洗好邮寄到藏区。由于寄信不是总能寄到,之后保险起见,一鸣会在下次去时亲手把照片交给藏民,当地人看到照片都兴奋极了,像得了宝贝。一鸣说,西

日本东京美术俱乐部画展

日本东京画展闲暇之余朋友们的聚餐。
左起：吴静涵、张占山、范一鸣、王明月。

藏人诚实，非常守信，所以跟藏民交往时，一定要言而有信，这样当地人也会把你当作朋友一样信任。

一鸣去甘南的频率越来越勤，当地人也都记住了他。他画过的男孩已长成汉子，他画过的女孩已当了母亲，但是他，每次都还是同样的打扮：灰绿毡帽、大棉袄、每个兜都塞得鼓鼓囊囊的摄影坎肩。一路上总能碰到跟他打招呼的熟人，感觉就像是串亲戚。

张洁笑道，别人去西藏大多不适应气候和饮食，回来后变得又黑又瘦，一副辟谷加拉练后的苦行僧样；一鸣不然，他超级适应藏区的一切，回来后变得又黑又胖，满身膻味地喜滋滋回家，一个月不再想牛羊肉。

近些年，一鸣入藏的旅伴换成了几位同龄的朋友，也都是热爱西藏的艺术家。他们在动身前两三个月就开始策划，隔三岔五地聚会，还没出发，就脚底板发痒……都说赌博成瘾，吸毒成瘾，没想到去西藏也成瘾。

在离家的日子里，一鸣几乎每天都要跟留守北京的妻子、儿子通电话，琐琐碎碎地讲自己一天的见闻和感受。自从有了iPhone，通讯更加方便，可以"直播"金刚舞、晒大佛或特色美味，搅得张洁心里痒痒，干脆带上大宽跟着丈夫一起去净化心灵。

前世缘

大宽是范一鸣的宝贝儿子，我见他的时候已是翩翩少年。他给我第一个印象就是——很像《风马旗》画面上的那个身裹氆氇的小喇嘛。我问一鸣，他是不是拿儿子当的模特？一鸣笑答，他画那幅画时，宽宽还没上幼儿园。不过他也承认，宽宽跟小喇嘛确实挺像，也说不定真有神明给他托过梦。

范宽出生在2001年除夕，本是一鸣该去藏区的时间。张洁因剖腹产住了一周医院，一鸣在病房里陪护了一周，几天下来筋疲力尽，身子和大脑都是木的。一天清晨，一鸣正靠在折叠床上打盹儿，护士进来吩咐他给妻子量体温。男人像军人一样一个骨碌爬起

一岁半的大宽难得安静片刻地窝在爸爸怀里。

五岁时第一次进藏，穿上金巴喇嘛叔叔送的僧袍的大宽，俨然成了当地的小喇嘛。

来下意识地答应，但护士走后，他两眼无神地瞅瞅妻子，木讷地问："她说了什么？"

婴儿床里，小小的人儿操着独特的音腔响亮地大哭。躺在病床上的张洁示意丈夫过去哄哄。一鸣不知所措地挠着头皮，为难地问："他又不会说话，我该跟他说什么？"张洁说："随便说点什么，别让他总是这么哭啊。"一鸣没了退路，咽下两口吐沫，硬着头皮走过去，看着哇哇大哭的儿子说："嘿，别哭了。预备，睡觉！"孩子不理，继续大哭。一鸣无措地站在小床旁，既有传达不出的自豪，又有解释不清的惶恐。自豪于自己初为人父，惶恐的是他自己还是一个生活能力匮乏的"孩子"。

一鸣说，儿子起名范宽，有两个考虑，一是希望孩子心性宽广，二是北宋有位山水名家就叫范宽，让孩子沾点艺术的光，还是古典艺术；一鸣骨子里有古典情结。难怪有朋友跟他开玩笑说："你让范宽叫你爸，也真够狠的。"

还别说，大宽真有艺术嗅觉，很小就被父亲的画室吸引。尽管张洁在儿子很小的时候就不断下禁令："画室是爸爸工作的地方，小孩子不能进去捣乱。"平时，画室的门多是关着，一旦留了一条缝，孩子就会突然加速，手脚并用地爬到门口，好奇地透过门缝朝里张望，盯着父亲作画的背影，感觉神秘、威严。一鸣一旦发现，便会走过去关门，把探头张望的儿子轻轻推回去。这种时候，小人儿并不哭闹，掉头继续往别的地方爬去，仿佛什么事也没发生。

范宽长大一些后，对画室的好奇更有增无减，总想方设法或趁人不备溜进去看看，那里的一切对他来说都那么新奇、神秘。每次进去，孩子都会忍不住东摸西摸，迅速地用小手"看"一圈，所到之处不是笔筒倒了，就是纸张掉了，原本摆放整齐的颜料也乱了秩序，很快就会被父亲轰出去。家里一来客人，大宽总会抢到父母前头热情地招呼，"到画室坐吧"，"去画室喝茶吧"，想借机钻进阿里巴巴的藏宝洞。

父子两感情很好，用妻子的话说"好得没有爸爸的样"。他一会儿用两个大垫子夹着儿子"做三明治"，一会儿用自制的铁丝弹弓枪跟儿子一同朝窗外射击。但玩归玩，闹归闹，父亲在儿子眼

五岁的范宽饶有兴致地和妈妈认真地拨转着拉卜楞寺图案绘制在羊皮上的转经筒。

前往阿里路上的一家人

孩子总能很快找到当地的组织。

经过两天难熬的高原反应期之后重新〉力四射的范宽。

里的权威是当妈的怎么也比不了的。不管小东西怎么闹,只要一鸣平静地叫一声"范宽",孩子立即俯首帖耳。在大宽眼里,手拿调色板和画笔站在画架前的父亲不怒自威——父亲是位指点江山的英雄、能翻云覆雨的魔法师。

范宽刚会走路,一鸣就想带他去藏区,但怕孩子太小,缺氧会影响大脑发育。一直等到五岁,一鸣实在忍不住了,和张洁带孩子去了甘南,去了海拔3000米的拉卜楞寺和郎木寺。可怜的大宽,一到那里就出现了高原反应——胸疼、肚子疼、呕吐,连喝水都吐。孩子的适应力非常强,三天过后,就像藏獒一样快乐地在草原上撒欢儿地跑。满眼鲜花绿草,云影下牛羊成群,孩子兴奋得停不下脚步。

受到一鸣影响,张洁和范宽都爱上了西藏。每次一鸣问儿子:"高原反应这么难受,下次你还来不来啦?"孩子都会使劲儿地点头:"我还要来!"张洁也说,虽然到过那么多的地方,但只有藏区有这样的魅力——人还没有离开,就在想下次什么时候再来。现在,每年夏天同上高原,成了一家三口的固定计划,他们去了甘南、阿里、香格里拉……对一鸣来说,二月份去西藏是去工作,夏天则是去享受天伦。

范宽第一次去西藏,一跨进肃穆、开阔的郎木寺,一看到色彩斑斓门窗和旗幡,突然从嘴里冒出这么一句小大人口吻的感叹:"哎,我已经很久没有来这儿了!"一鸣跟寺院里的僧人聊天时,提起了儿子说的那句古怪话,僧人肯定地说:"他前世一定是一位

2007美国纽约画展

雪花飘过
73cm×90cm
2002

喇嘛。"听张洁讲这个故事时,我又想起了那幅《风马旗》。生死轮回,魂灵传接;我想这对父子都跟西藏有前世缘,不管他们转世前喝了"孟婆汤",还是喝了"莫愁河"或"奈思河"水,都不能抹去对西藏的记忆。

同路而行

  2003年后范一鸣创作的西藏题材作品，不再满足于对西藏的异域风情和西藏人的生活场景的描绘再现，保持唯美风格的同时，越来越关注当地人的内心世界。在《央金玛》《惊蛰》中的少女眼神里有了更丰富的个性和情绪，人物显得更加立体、更加丰满，他们不仅是血肉上地活着，还是心灵上的。《雪花飘过》中藏族少年的英俊是经历过生活打磨过的那种，既纯真又早熟，他站在积雪的土墙边在观察什么，思考什么，这幅作品描绘的不是生活的场景，而是与生活的关系。

  在这段时间里，一鸣还创作了几幅分量更重、探究灵魂的作

2005年春天，同路而行于龙泉寺的大集合。
左起：王明月、吴静涵、王国伟、范一鸣、于阿军、董永健、聂轰、刘元寿、王晓光、张占山、李士进、蒋焕、晓青、王焕青、辛家峰、陈玉山。

品，如刻画两位中老年妇人虔诚咏经的《风停了》，描写父亲和怀抱婴儿的女儿一起平静地眺望暴风雨的《远雷》，我喜爱的那幅小喇嘛像，最初起名为《生命的问题》。也许，他后来觉得最初起的题目不够含蓄吧，所以改成了《风马旗》，但通过起名可以看出作品的立意，他追求表达更深刻的内容。当时，一鸣共画了两张《风马旗》，另外一幅画的是个女孩，女孩睁着透亮的大眼，盯着佛窟浮雕的碎片瓦解，坠落……

著名油画家、解放军艺术学院美术系教授张利这样评价一鸣的作品："没有浮华的色彩,有的是纯朴和厚重。对人物的刻画与表现,我们能看到:一鸣有很好的造型能力,基本功非常扎实。因此,他所刻画的人物除了准确的造型,更重要的是深刻地表现了人物的内心世界和精神世界。这是他的作品非常突出的特点。具备这种能力,使他的作品达到了一个非常高的境界和层次,他的很多作品让我震撼,让我激动,让我看后很久难以忘记,这才是真正的好的艺术作品。"

谈到一鸣独具一格的艺术语言和作品风格,张利进一步阐述:"一鸣的这种风格和手法非常适合表现这个题材,他找到了自己的绘画语言,这是他的作品为什么能够获得如此好的效果的一个很重要的因素。一鸣内心深处对西藏独到而深刻的感悟与认识,是他的作品获得非常好的艺术效果的另一重要因素。他的作品很耐看,有的画面看上去很单纯,但是制作过程复杂和讲究,我们能够看到一层一层、一遍一遍的反反复复的制作效果,使画面变得丰富而厚重,质感很强;肌理的运用,也使画面表现力更加丰富。"

从2001年到2003年,香港"记忆画廊"每年都为一鸣举办一次油画个展;2004年,英国伦敦的国王大道画廊为他举办个展;同年,他加入北京画家张占山牵头组织的"同路而行美术合作社"。入社的画家都是坚持写实主义绘画的同路人,杨飞云和艾轩担任顾问。

潇湘莲影
王明月作品
125cm×160cm
2014

寻梦
王明月作品
150cm×103cm
2014

藏族女孩
张占山作品
100cm×70cm
2012

家园的记忆—4
张占山作品
460cm×100cm
2012

空房
吴静涵作品
146cm×146cm
2011

一鸣和占山相识很早，1991年他刚到北京，就通过王明月与他相识，成为很投缘的画友。张占山毕业于北京师范学院美术系，不仅画画得好，为人也好，在京城同行里是出了名的侠客，海交朋友，热忱仗义。平时，占山家的小院就像一个俱乐部，每周都有山南海北的朋友聚到这里，喝酒、聊画，商量一起做些什么，占山是朋友圈的主心骨，他大旗一举，立刻一呼百应，同路而行美术合作社自然而然地应友情之运而生。

聊起"同路而行"，一鸣既很留恋，也很感慨。他说画写实主义的画家大多创作速度很慢，通常一年也画不出几幅作品，时间和精力都耗在画架前，没有精力经营自己，"同路而行"的初衷则是将一批"不善言辞却胸怀锦绣""对待绘画、对待人生就像一群固执的农民"的艺术家们集结起来，各尽其力，共同亮相，展现他们心底那片默默耕耘、时刻守望的"诗意盎然的原野"。

在张占山看来，"同路而行"的诞生，不但是对友情"圆满"的一种阐述，也是大家志同道合的一种必然，是对日渐"瀚海化"的真情发出的情感召唤。在这个群体里，占山是最有能力、感召力和奉献精神的一个，张罗出画册、印年鉴、办画展、做宣传，为扩大社团影响花了不少心力。"同路而行"油画联展先后在今日美术馆、北京画院美术馆、中国美术馆等地举办了五届。著名人文学者高全喜在看了画展之后感慨地说："耳畔不禁涌动起诗一样的感伤与惊喜，我们中国的绘画艺术也有自己的

'栖息于大地'的诗意方式,我们有自己的巴比松的气息和黑森林的颂歌。"

参加"同路而行"的艺术活动,让一鸣收获不小,不仅在创作上获得了激励,在生活中也交下了不少挚友,除了张占山、王明月外,还有王晓光、刘元寿、李士进、聂轰、吴静涵、于阿军、蒋焕等一大批优秀写实派画家。王明月说过:"一鸣的画严谨、厚道,没有卖弄,不做表面文章,就跟他做人一样一丝不苟,自己认准了的理想就无限地去接近,自己的审美情趣不会向外因而妥协。"其实,从某种角度讲,明月对一鸣的评价,也适用于这个画家群体,他们都不惜时不惜力不追风不讨巧,用扎实的功底作自己绘画语言的语法。也正因如此,二十年过去,他们至今情谊如初,彼此关注,联手亮相。

每次"同路而行"的联展,一鸣送去参展的作品都是西藏题材,除了前面提到的作品,还有洋溢祥和的《祈福》、表现守望的《凝望最后的净土》、刻画青春之美的《金卓玛》和《纳穆大峡谷》、讴歌信仰的《漫漫朝圣路》和《朝圣者》,都深受观众的赞赏和业内人士的关注。美国艺术经纪人冷林就是在画展上看中了一鸣及朋友们的作品,2007年邀他们赴美,分别参加了在佛罗里达和纽约举办的"中国当代艺术展"和"中国写实名家画展"。

北京工艺美术出版社主编、画家贾德江先生不仅亲自编辑了《同路而行油画家作品专辑——范一鸣油画精品》,而且提笔写了

一鸣讲,这位名叫罗泽的老人来自诺尔盖草原,他不仅每年都花几个月时间一路磕着等身长头去神山和圣地,而且变卖掉家产、农场捐奉给寺庙。一鸣每年都要去两三次藏区,跟这位老人相遇过好几次,令一鸣感动和震撼的是老人的眼眸,虽然他一年比一年衰老,目光却一年比一年明亮和坚定。终于有一次,他再也克制不住要画他的愿望。他在画布上记录的并不仅仅是一个人的面孔,更是支持高原民族存生的信仰力量。一切柔静生命的悲壮苍凉,因孤寂而变得沉重。

漫漫朝圣路
46cm×226cm
2006

金卓玛
100cm×100cm
2006

远雷
130cm×160cm
2004

篇序。他在序里不仅抓住了一鸣作品的特征和实质,还透视到了画家的内心世界:

……他站在时代的精神高地上进行思考和探索。画家在一种凝视的状态下,以一种貌似冷漠、实则深邃而坦诚的目光捕捉、透视对象细腻、丰富的内心世界。画中没有声嘶力竭的呼号,也没有嬉笑怒骂的刻薄,只有沉重而犀利的笔触。画家表述的方式是直接而深刻的,没有任何矫饰、扭捏与哗众取宠。倘若深入一步阅读范一鸣的西藏系列,就会发现,它们中的一部分作品潜藏着更深一层的内涵,即一个现代人对原始生命力所具有的那种既敬畏又崇拜、既渴望又疑惧的复杂心理。正是这种心理折射,使得画面变得扑朔迷离、神秘多姿。他的作品日臻完善,在造型的严谨、准确,个性的凝练、冷峻,器物、形体的质感表现等方面,都显示出他在高超技术下的古典形态和现代观念的追求,他正在一步步迈向他心目中那纯正的古典味和现实主义相融合的精神指向。

蓝色时期

　　自从第一次去藏区回来，范一鸣的创作就进入了高峰期。他彻底放弃了其他的题材，只画藏人，画精神的西藏。随着他去西藏的次数增多，他对西藏的文化、宗教和风土人情也越来越了解，就越发觉得自己的灵魂属于那里。在苍凉辽远的高原上，在神圣宏大的寺院里，在真纯粗犷的藏民中，他感受到了现代人匮乏的肉体雄浑和虔诚力量。西藏的草木山石花鸟人兽云雾阳光空气和高原所有的一切，都具有某种崇高得令人敬畏、寂静得振聋发聩的雕塑感，激活了画家的艺术直觉和创作欲望。

　　每次走下高原，他都能感到精神的洗涤与重生。他迫不及待地

静静的纳木错
100cm×100cm
2011

晨光中
114cm×130cm
2011

　　拿起画笔，试图将他在高原所有的记忆、感觉和顿悟都凝存在山岩般沉寂的画面里。一鸣说："我在作品里追求化石般的雕塑感，追求坚硬的感觉，传达肉体可通过精神达到的永恒。"

　　2008年，范一鸣在生活中遭遇到不幸，被迫近两年搁下了画笔，但是他身不在西藏心在西藏，无时不在眺望高原的风景，在他的梦里，风马旗落得像雪花一样细密，他看到了传说中的婆罗花开。"在看得见你的地方，我的眼睛和你在一起，在看不见你的地方，我的心和你在一起。"仓央嘉措的这句诗，每天都在他心里吟诵。劫后余生，身体刚一恢复健康，一鸣就站到久违的画架前，迫不及待地完成了中断了两年的《心愿》——藏族女孩手捧的那盏酥油灯，就是这两年支撑他生命的内源之光。画完这幅画，一鸣重返

心愿
80cm×80cm
2010

风还在吹
100cm×100cm
2012

藏区,不仅为了搜集创作素材,捕捉新的艺术灵感,还为了证实自己活着,为了担负活着——这"生命不能承受之轻"。

就像所有刚经历过生死的人一样,一鸣也渴望光渴望颜色渴望高远渴望自由,于是他一反自己过去的风格,创作了一个全新的"藏女系列"——《梵音》《听云》和《静静的纳木错》,光影朦胧,云缭雾绕,色彩柔艳,如梦如幻,娇美的藏女一个个都如凌波仙子,没有丝毫的凡俗之气,他们是珠穆朗玛的女儿,是纳木错湖的神女……或者,她们是脱离了肉体苦难的魂灵?

《晨光中》中身穿锦缎面藏袍、头戴红色毛线帽的少女是一鸣

梵歌
80cm×80cm
2011

笔下现代元素最多的人物形象，夜幕下扎眼的鲜红和锦袍上悦目的蔚蓝，都跟他以往追求的原始、质朴的颜色大相径庭，尽管背景漆黑，只有几抹电闪似的晨光，但可以让赏画者感受到抒情的溢美和通畅的呼吸。《风还在吹》，画了一位光头的少女，身上同样裹着蔚蓝的棉袍，像携带了神界信息的下凡天使。

纯净的蓝色，而且是晴空的蔚蓝，是这一系列作品的主要基调。

艺术的幻想，而且是灾后的幻想，更像是为自己虚构的避难所。

无名花

2010年夏天，一鸣处在艺术与人生的又一个低谷，由于将近两年未拿画笔，拿着调色板站在画布前，就像逼一只猫走上一块悬空的玻璃。得知一鸣令人担忧的精神状态，魏翔特意撂下国外红红火火的生意赶回国，拉着他跟几位要好的朋友一起去了阿里，他希望高原的云和雪域的光能够复活一鸣被斩断的记忆。

这是他们自1990年分手后的第一次朝夕相处，弹指一挥间，距离师生俩一起画人体模特、拍超现实照片已经过了二十个春秋；在这二十年里，他们都经历了各自人生的磨难，再聚的时候，师生情里已经萌生出友情。

藏族妇女用来挂酥油桶的奶钩,既实用又具装饰性。

藏式佩刀

　　魏翔说,一鸣跟当学生时一样憨厚、率真、热心、体贴,他怕魏翔有高原反应,总是跑前跑后地将一切安排得妥妥当当,抢着帮他扛这拎那,按时督促他吃红景天。魏翔还说,他感觉一鸣简直就是大半个藏民,不仅对当地的气候、环境极度适应,而且对西藏的宗教、历史、习俗了如指掌。别看一鸣平时语钝语迟,咨嗇口舌,甚至拘谨得口吃,但一说起西藏,俨然换了一个人,不仅话多话勤,而且语速加快,跟上满弦的闹钟一样滔滔不绝,跟在京城里那个像闷罐子似的一鸣判若两人,情绪也透明得重又像个孩子。

　　与他们同行的还有魏翔大学时期的一位朋友——作家陈健,也是一位藏文化迷,跟一鸣一聊起来就眉飞色舞,兴奋得像是僧人辩经;用魏翔的话说,"一路上百分之八十的话都让他们俩说了"。的确,在那之前魏翔虽然去过一次西藏,但纯粹是作为旅游者去的,他对当地的历史、文化所知甚少,跟一鸣同行,他才觉感觉"真正到了西藏",并补读了几本一鸣推荐的书。回到北京再看一鸣的作品,他看到了一鸣的灵与肉。

曾经近在咫尺的喀惹拉冰川

  车至海拔近6200米的喀惹拉冰川，由于透视的缘故，从公路上仰望那片白翅膀一样的巨大冰舌，感觉距离并不远；一鸣和陈健激动得跳下吉普车朝冰川爬去。在烈日下，他俩爬得口干舌燥，头晕目眩，两腿疲软，即使看到赶着羊群的牧羊女，也没有气力去掏相机，两人互相鼓励着，即使晕也想晕倒在冰川上。但是，就当他们已经嗅到冰川的气味，距离楚河的源头只有二三十米时，手机突然响了：此刻，魏翔因缺氧口唇青紫，正在车里向他俩呼救。两个人来不及遗憾，也不知从哪里来的一股气力，掉头就往吉普车方向奔跑，然后以最快的速度驱车赶到了江孜。在高原宏大的寂静与缓慢中，人与人之间缔结有无言的生死契约，这种关系并不激亢，是相依为命。

  有好几个夜晚，在已经停水停电两个月的小县城，在条件简

到拉萨先喝上几碗醇香的酥油茶是一鸣专治高原反应的法宝。

2010年夏季阿里之行途中，在简陋的小客栈里和陈舟（左边者）吸氧吃喝两不耽误的魏翔。

高原上像紫水晶般怒放的无名花。

红草草原上在马背上教幼小的孩子骑马的藏族母亲。

在刨土扬尘的越野车前一字排开的驴友们。
左起：聂贤文、范一鸣、陈舟、魏翔。

陋的小客栈里，男人们就着微弱的烛光，抱着氧气袋不眠地长聊，聊理想中的艺术，聊各自遇到的人生坎坷……这次入藏，不仅为一鸣的内心注入了温暖，也让魏翔从此迷上了西藏，而且将间隔了十年的师生之情重又拉得很近，很亲；甚至，萌生出某种类似提奥与梵·高的那种牵挂、在乎、关注、鼓励的兄弟情分。

　　陈健是位勤奋的散文作家、勤奋的摄影师，还是勤奋的博主，他用生花的妙笔将一路风景和沿途见闻像摄像机一样事无巨细地记录下来，生动得不能再生动，而且图文并茂，是我见过的最有质量、最赏心悦目的博文，即使我在万里之外的匈牙利读它们，也觉得身临其境，仿佛跟他们一起挤在吉普车里走奇险的路，看变换的云，低头钻

祈福
97cm×146cm
2007-2008

进藏民的黑毡包，抬头望山口的风马旗，穿越时空与他们一路同行。

在一篇题为《云变生表情》的文字里，陈健记录了这样一个细节，把一鸣对高原土地的情感精致入微地记录了下来："……平平常常的东西，司空见惯的自然，移到地球第三级，感觉都附上了这样那样让人亢奋的神性。在往切热乡的途中，我们经过一处依山临崖的山路，西斜的阳光把眼前的山坡透射得像紫红色的水晶一般，星星点点泛射光芒。大家都看清了是漫坡乒乓球大小的花朵儿。因为道弯路窄无以停车，一鸣耿耿于怀。后来去吉隆县的路边，在一处几近戈壁的砾石地上，一鸣再次撞见了这种水红色的植物，迭声招呼众人。嫩艳的花朵已被下午的太阳晒得有点发蔫，几片窄小的绿叶毛茸茸匍贴于地，娇美之花一茎冲天。大家都赞同一个观点，也许趁着清晨的露水，这无名花拼命暴长，用一天时间完成了生命轮回，熬到晚上气温下降，便落下种子等待新生……物竞天择，为了延续种群，生命形态在高原上往往只是专心一意等候大自然极小的恩赐，然后留给世人轰轰烈烈的震撼。这难道不就是高原让人一生一世惦念的所在？"

一鸣去西藏已经不下二十回了，但他每次再去，总是怀着发现之心，总是细心体会那里生命的每一个细节，包括山的生命、水的生命、石的生命、云的生命、藏民和无名花的生命。可以这么说，去西藏已成了他的一种生活方式。每次去西藏，他都会带回两样什么摆在家里作为纪念，一只陶罐、一块卵石、一把藏刀、一件佩饰，或一个生铁打铸的锥形狗棒，每样东西他都有一段潜台词。

升　华

　　阿里之行，是魏翔试图将昔日的得意门生拖出低谷的诚心努力，从那之后，他对一鸣的关注和帮助有增无减。将近一年时间，一鸣始终未能恢复原来的创作状态，情绪低落，沉闷颓唐，脑子经常是一片空白，即使跳出一个想法，也很难抓住，实现在画布上，一年里只画了《心愿》那一幅画。

　　看到丈夫消沉、焦虑的状态，张洁自然十分担心。家中的旧画陆续卖掉，贴补了家用，而新的作品越是着急越画不出来，一鸣也不是一位愿为谋生而赶画的艺术家，但是男人持家的责任感又逼迫着他，情绪上的负反馈更让他在创作上一筹莫展。为了减轻丈夫的

一鸣每次进藏总会穿街入巷地淘些藏式老物件回来,赶上朋友喜欢又慷慨送出。

心理压力,无奈之下张洁想出了一个主意,她向魏翔借了一笔钱,不过并非为了急用,只是想让一鸣觉得生活并没有山穷水尽,为他营造一些并不尽真实的安全感,缓解丈夫内心的焦虑。

魏翔明白,这是一鸣在生活中最需要帮助的关头,假如能够帮他一把,他还有望重新振作,否则,一位画家的创作生涯可能就此毁掉。想当年,当魏翔自己抱着艺术梦闯到欧洲,也曾坠入过类似的低谷。那时候,他真希望能有一个人帮自己一把,其实他并不奢求太多,只希望能够不饿肚子,别流落街头,只要能买得起颜料和画布。但是人在异乡,如泼出的水、飘走的云,没有能植入土的根,也没有人能拽住你。经过一串碰壁之后,他走上了经商的独木桥。尽管许多年后他的公司做得很大,并创出一个在中东欧叫得很响的品牌,但是在他的心里,放弃绘画的内伤始终隐隐作痛,生意场上的成功并不能替代青春时代的艺术理想。尽管许多时候,人们会觉得理想是很空洞的概念,但是有的时候,理想也可以跟金钱、物质一样可靠和真实。

或许,由于在昔日的学生身上看到了昔日的自己,魏翔动了恻

归途
100cm×100cm
2013

隐之心；或许，由于深知丢梦后的失落，他想通过救助一鸣来慰藉自己。总之，魏翔在关键时刻充当了一鸣的坚强后盾，想方设法帮助并鼓励他重拾画笔，让他安心作画，让他别再画一幅卖一幅了，而要努力积攒下一批作品，好能举办个人画展。这又何尝不是一鸣的希望啊！这几年，魏翔每次回国都要抽空探望一鸣，不仅嘘寒问暖，而且跟他一起就具体的作品进行探讨。师母黄晨凤也借回国探亲之机，造访了一鸣在北京的画室，尽管她早就看过一鸣的画册，但是当她走进画室，置身于山岩般粗粝、坚实的原作中的一刻，还是感到了惊魂动魄的震撼。她说一鸣的画重又唤起了她对崇高的感

藏北牧童
114cm×130cm
2013

　　动,说对真正的艺术应该雪中送炭。从那之后,她也跟丈夫一样成了一鸣作品的第一批观众及坚定的支持者。

　　那次从阿里回来后,一鸣在创作上经历了一个短暂的、前后不过一年的"蓝色时期"。云霭,香风,并不浓艳的色,并不耀眼的光,升在半空中不食人间烟火的纯美的藏女。他在"蓝色时期"后的创作中,刻意将人物与现实生活拉开更明显的距离,更着意探究藏族人独特的精神世界,试图表现有信仰民族的虔诚气质。这些唯美的画面,让人联想到当年恋爱中的他创作的《风,轻吟着歌谣》和《盲女》。事实也是如此,这一年不仅是画家走出低谷的恢复

背景、衣袍，乃至眼睛的虚化，引导观者接近了老人肉身内灵魂的实。

智者丹增
73cm×130cm
2012

期,也是他与妻子经风历雨后的更灵魂地相恋。慢慢地,在爱情和友情的温暖中,一鸣重又拾起了希望与自信,获得了一个相对稳定、平静、可以大隐于市的创作环境。在自由呼吸了一段时间后,一鸣的作品又恢复了过去山岩般的沉重和高原土的颜色,唯美的藏女又隐到了云后。

《南乌吉》是《朝圣者》的续篇,但比八年前画得更实,表现更用力。画家对远处浓云密布的天空前后修改了无数次,所费的心思和精力并不比在人物身上少。阳光从阴云的缝隙后投射过来,黑暗中显得格外耀眼,冷而明亮,让人联想到古斯塔夫·多雷在《神曲》插图中对天光的表现。那束光离得非常遥远,在地平线的尽头,并未直接投照到老人身上;但是,从妇人脸上的表情和在行走中绷紧的肌肉上看,她感受到了那束穿云破雾、源于信仰的希望之光。

《智者丹增》是画家的一幅用心之作。一位坐着吸烟的老人斜披藏袍,凝眉沉思,目光隐在暗影里;准确地说,是画家故意没有去画,有意"没有完成"。一鸣在这幅画中,并没有落俗套地用"心灵的窗口"来表现智睿,而是用精细入微的笔触着力刻画老人微锁额头上的皱纹、抽烟的手和挂在颈上的那串念珠,通过抽烟的神情刻画经风历雨后磐石般的镇定。作品在局部的虚实处理上格外用心——老人清瘦、硬朗的身躯像从花岗岩里长出来的,如同罗丹刚刚完成的一尊雕塑;取舍果断,虚实分明,这是写实派画家不易做到的。魏翔认为,《智者丹增》对虚的处理跟对实的刻画一样独具

生生不息
146cm×114cm
2011

峰大本营的经幡下,一鸣躺在几个大石块上惬意地看着天发会呆。

藏北湖畔一鸣专注摄影的背影

匠心，一鸣将中国画的墨法大胆、巧妙地运用到油画的创作中，达到了特殊的艺术效果。这种技术语言一鸣在许多作品中都有应用，《智者丹增》是很好的一个例子，画家不仅让背景虚衣袍虚，而且让人物的眼睛虚，以独特的手法引导观众接近老人肉身内的灵魂。

对于一鸣，《不息的仰望》是十年前作品《仰》的变奏，只是画面上的人物从一个变成了两个，人物从俯首叩头变成了疾步行走，听天由命的祈求变成了执着不懈的追求。对比这两幅作品，《仰》是通过磕长头的形体和人与大地浑然一体的颜色表达西藏人的虔诚，《不息的仰望》则通过对面目表情的细腻刻画直接呈现人物有信仰的内心，后者的艺术语言更丰富更深邃，也更打动人心。

终于，创作让范一鸣重新复活了，他把自己对生活的态度和信念寄托到了画中的人物上。他一幅接一幅地画下去，笔下的人物从形似到神似，从个体的神似到群体的神似，通过十余年不懈的艺术探索和身体力行的生活实践，范一鸣对西藏人物的刻画进了一大步，可以说已炉火纯青。而且，不仅笔下的人物越来越生动，越来越有魂魄，而且作品中渐渐有了画家自己。这个自己，不是他在此之前孜孜追求的尘世本我，而是一个有了精神归属的升华自我。"没有任何泪水使我变成花朵，没有任何国王使我变成王座"，海子的这句诗是写西藏，写藏人的，在我看来，也是写一鸣追求的艺术的。

藏 云

凡是看过一鸣作品的人,都会被他刻画的超时空的凝重所震动。他用沉实浪漫的色彩、肌理入微的笔触和二度半空间的绘画语言悉心经营出了一个永恒的精神世界。在那个世界里,不闻尘嚣,不见物欲,希望如暴风雨一样真实,沉郁的天光下彰显灵魂的纯净,他找到的是现代人失去的乐园。

著名作家、评论家、鲁迅文学院常务副院长白描先生在看过一鸣的画作后感到心灵震撼,他说,用温克尔曼评价古希腊艺术的那句名言形容一鸣的作品再恰当不过——"高贵的单纯,静穆的伟大"。温克尔曼是18世纪的德国学者,被后人尊为"艺术史之

著名作家、评论家白描老师在一鸣画室畅聊。

父",他的这句话精准地道出了西方古典艺术的最高理想,这也正是一鸣在冥冥中执着追求的境界。他对古典绘画语言的掌握和应用绝不止于技法功底,更出神入化地体现在品味上。

虽然,这些年里他的人生有高峰和低谷,但无论在什么样的境遇下,即便有段时间他没能去西藏,但每日他都梦在高原,循着高原人虔诚的目光,望到积云后生命的光;灵性中他《不息地仰望》,在《风,还在吹》的《晨光中》,听到《轻音滑过》,眺望《远方的彩虹》,等待《婆罗花开》……"清白无俗艳"的婆罗花是藏教传说中的祥贵之花,彩虹则是莲花生大师的吉祥化身。在《远方的彩虹》这幅画里,一鸣刻画了一对在阴暗的天空下极目远眺的祖孙,彩虹并不在画面之内,而是在层层浓云背后的远方的地平线上。与其说他们用眼睛看到了,不如说用的是虔诚向往的心目。

2007年的11月份，一鸣全家去往云南香格里拉的梅里雪山，非常幸运地拍到了这组"日照金山"。在此，遥遥合十，崇敬被当地人尊称为"科瓦博格老爷爷"的神山！

婆罗花开
114cm×130cm
2012

远方的彩虹
114cm×130cm
2013

一鸣喜欢画西藏的云，那是高原一切的背景，像无处不在的神灵。西藏的云瞬息万变，始于万象，云山相依，云水相融，在蓝天上肆意挥洒，在绿原上天马行空；在别处，云都是天空的点缀，天空只是山水的背景，只有在西藏，云能与山水媲美，生动、磅礴、奇幻、自由。西藏的云也最能表现宗教神秘感和有信仰者内心的高远，是喑哑而坚定的高原语言。

我问过一鸣，西藏是地球上离太阳最近的地方，那里阳光要比梵·高为之癫狂的阿尔还要炽烈，那里的建筑、经幡、服饰和天空都色彩斑斓，为什么他的作品色彩这样内敛？一鸣回答说："西藏的色彩确实很鲜艳，但再鲜艳的色彩也给人以古朴、厚重的感觉。我的用色是从艺术表现的角度考虑，过于鲜艳会削弱作品的沉实感和凝重感。我画的不是民俗民风，而是西藏人的精神气质，所以，我可以不使用浓烈的色彩，而是追求微妙的色彩变化。在作品中我追求的是宁静、永恒的感觉，过于鲜艳会使画面变得即时而肤浅。西藏人生活在厚土高天的自然环境中，用万变的云或简单的重色作背景，更能衬托出人物本身。"

屡赴藏区，使一鸣对藏区人的了解逐渐从外貌深入到内心，所描绘的内容也从艺术题材转化为艺术本身，题材、画技与创作者的内心追求融合到了一起。他从沉默的西藏，不仅彻悟了高原人粗涩、倔强、虔诚的力量和价值，并且在内心深处，自己也变成了一个跟高原土地一样沉默、坦白、虔诚、有定性的男人。他懂得了对

风停了
92cm×130cm
2003

生存而言，虔诚是一种生存方式，敬畏是一个精神境界。因此，他的西藏组画，绝不是对异域民风的管窥或对藏服模特的戏剧味写生，更远离了矫情、俗媚的"消费西藏"倾向，他的作品能让人在内心世界响起喑哑的回声，不仅关于西藏，关于艺术；不仅关于某族人、某个人。

作为和一鸣相处最久的画友，王明月是最有发言权的见证人，他说："一鸣的画，与其说画西藏，不如说是画他自己，画他内心对人生磨难的理解，对生命真谛的追求，对艺术精神的捍卫。你看看他画中人物的眼神和气场，把他内心的气质表现得淋漓尽致。"谈到一鸣作品的特点，明月想了想说："一鸣的画没有浮华，没有妖艳，没有煽情，色彩非常朴素，朴素到高贵，构图十分简练，简练到讲究……这些都是他的特点，但还都不是最重要的特点，我认为，一鸣画的西藏最大的与众不同在于，他画的不是画，而是灵魂，是信仰。"

驴友们

2014年8月9日夜里，正从大凉山返京的我被滞留在了成都机场，两次登机，两次下机，原因是"北京暴雨，空中管制"。与此同时，回乡探母的一鸣也回京受阻，航班中途返回，被困在厦门机场。而我们飞往兰州的航班将于10日清晨7点多起飞。

老天有眼，有惊无险。凌晨2点多，京城云收雨散，我和一鸣在不同的机场同时登机，降落到北京机场后立即像大难不死的亲人一样奔向另一个登机口见面，重演了一年前在五路居地铁口见面的气喘吁吁和大汗淋漓。

等在那里的还有一鸣的几位常年"驴友"——除了一鸣讲起过

2008年春节在拉卜楞南君吉为"社员"接风。
左起：贡代、张文华、吴静涵、齐雨生、任放、石红、林谦、范一鸣。

的张占山，还有林谦、任放、李汇洋、齐雨生等几位画家兄弟。我注意到，在这个"藏文化狂"的画家群里，所有人都操一口地道的京腔，只有一鸣是"外来户"。大家聚到一起后，我听到的第一句话就是："幸亏老范赶到了，老范不来没意思。"

林谦是这个团队的召集人，仪表堂堂，文质彬彬，戴一副无框近视镜，穿一身宽大的休闲猎装，说话慢条斯理，想象不出他会有不笑的时候。他从上个世纪九十年代中开始就常来甘南，最熟悉当地民俗民风。画随其人，他的少数民族人物画细腻之至，色彩浓艳，有着意欲登峰造极的阴柔之美。

绰号"大齐"的齐雨生在这队人马里年龄最大，个头最大，嗓门也最大。他年轻时当过篮球队员，肤色黝黑，身材魁伟，性情爽利。不过出人意料的是，大齐"粗人做细活"，他以细密得令人窒息的点彩风景在圈子里面独树一帜，据说还会拉小提琴。林谦和大齐，一个是团队里的"总操心"，一个是"总管账"，都是志同道合、交心很深的朋友，不久前都跟占山、一鸣一起参加了在北京中华世纪坛举办的"2014年同道具象油画展"。

任放是军艺老教授崔开玺的弟子，他跟大齐、林谦是少年时代的伙伴，三个人都从小迷恋美术。他还是北外图书馆的负责人，难怪身上有一股严谨、内敛的儒生气。

李汇洋温善沉稳，随和耐心，他在教育学院教授美术，是位国画、油画皆精的全才，无论是画水墨风景、北京胡同，还是藏族人物都颇见功力。

听一鸣讲，占山最早以画北方乡村的写实风景著称，近些年题材转向环境和城市，并且迷上了西藏的风景与人情，也开始创作藏民题材的人物画。

另外，身为写实画派名家的张利也经常与他们搭伴同行。张利先生的作品我早就看过，给人第一印象是：作品里附着了伦勃朗的魂灵，还能看到列宾的影子。他跟一鸣也通过绘画和西藏交下了十几年的君子情谊，虽然这次有事未能同行，但是通过一鸣夫妇的介绍，我还是有幸与他相识。别看张利平时少言寡语，可聊到一鸣却不吝言词，他说："我在认识他之前就见过他的作品，很喜欢，给

冰冷的早晨
任小放作品
73cm×95cm
2000

骤雨初歇
陈畏作品
146cm×112cm
1999

夏河女
林谦作品
65cm×80cm
2015

摩境
齐雨生作品
68cm×86cm
2014

我留下的印象很深。藏族题材有很多画家都在画,但各有不同,一鸣的作品有着格外独特的思想和精神底蕴,他是在用心灵去画藏族同胞,并且用心灵感悟和融入。在一鸣看来,他们是这个世界上最虔诚、最善良的民族,通过跟藏民的相处,一鸣的心境也越来越纯净,在这种纯净的内心世界里,充满了善良、虔诚和爱。很长时间以来,一鸣一直都在画这个题材,我想一个画家多年来执着地画一个题材,一定有发自内心深处的爱。在一鸣的作品里,我们能感受到他所传递出的那种爱,那种单纯、善良和虔诚。"

我想,张利先生的这番话说的既是一鸣,也是讲这个将西藏变成了自己生活一部分的小群体。这帮画家驴友们每年冬天和夏天都会相约去藏区,已经坚持了十几年,由于甘南是他们的必去之地,所以他们给自己的微信群起了一个名字,叫"甘南公社"。一鸣说,他们这么频繁地去那里,其实不仅是为了画画,还为了友谊。在高原有一种特别的气场,让人多愁善感,坦心畅怀。

听 雪

  飞机降落到兰州机场,藏族司机贡嘎早早就开着面包车从夏河赶来,等在出口。贡嘎是个结实、黝黑、憨厚、温和的中年汉子,跟一鸣认识七八年了,每次他们来甘南,都是贡嘎师傅全陪。据说他曾经当过喇嘛,由于不识字,给老活佛贡唐六世开了十年车,所以坐他的车像骑在灵兽上,既有安全感,又有优越感,虽然他已还了俗,毕竟跟活佛那么多年,感觉像是开过光的人。老朋友见面,免不了嘘寒问暖,一行人轮流给贡嘎"献礼",一鸣特意从老家带了茶叶给他。

  面包车驶离市区朝夏河方向开去,一路上大家并没有打盹儿,而是像一群私奔的人。我跟这帮"老北京"聊起老北京,甚至聊到辟才胡同的供销社、太平桥大街的"天义城",聊藏族文化,聊他们肯定已经回忆过无数次的甘南见闻,一直聊到250公里外的拉卜楞寺。

　　没到拉卜楞寺之前,我把它想象成了要跋山涉水才能抵达的桑耶寺那样的地方,没想到是在一个热热闹闹的镇子中央。通向寺庙的柏油路两边是千家一面的商家店铺,而且卖的多是千篇一律的旅游品,一鸣越走越皱眉头。他说十年前,寺庙前的古道是用不规则的石片铺成的,经过千百年来无数磕长头的朝圣者身体的打磨,路面变得乌黑光滑,在晨光或暮色下粼光闪烁……令人痛心的是,

2012年冬天的"甘南公社行"。
从左起分别是:任放、林谦、石红、柏克、张利。

一鸣画室收藏的众多藏族老物件中的一部分

这些年大搞旅游开发，古道上的石片换成了没有生命的灰色条石，历史的记忆被阉割了。在这一刻，我理解了那幅《凝望最后的净土》，理解了《风马旗II》里破碎、坠落的浮雕砖的寓意，理解了《朝圣路上》那个藏族女孩扭头时眼中流露的忧恐。

进了寺院区稍好一些，寺院的高墙色彩浓重，风格隐晦，守着凡人即使看见也不可能知晓的秘密。高大的回廊、巍峨的宫殿、大舞台般的庭院、跟天上对语的经幡、玛尼堆和煨桑炉升起的冉冉桑烟，很快让人忘掉了闹市的喧嚣和世俗的烦扰，夕阳的光很浓烈地烧在宫墙上，偶尔有穿紫红色僧衣的喇嘛无声地走过，转经的俗众口念真言，巨大的转经筒咯吱作响……想来，人真是需要有某种敬畏，可以让浮躁的心很容易地沉下来。一鸣指着鎏金的贡唐宝塔的庭院说，这里就是大宽五岁时说"哎，我已经很久没有来这儿了"的地方。2011年夏季，贡嘎师傅认识贡唐的管家，所以将大宽带了进去。小贡唐一眼就喜欢上了范宽，他招手叫大宽过去，并跟他

2011年夏季，忙里偷闲的八岁的拉卜楞寺七世贡唐活佛与十岁的范宽。拍这张照片之前，活佛的老管家特意把他抱到比大宽高一层的台阶上以显示活佛的尊贵。

三年后的2013年，七世贡唐活佛与范宽。

　　说："三点后你可以过来陪我玩。"那年范宽十岁，小贡唐只有八岁，这位转世小灵童还在接受封闭式学习，不能离开大经堂的幽深院落，当地的孩子不要说跟小活佛一起玩耍了，就连见到他的机会都很少，这对从北京来的大宽来说，实在是缘分和幸运。

　　贡唐宝塔外临河的大路也正在铺灰色条石，有的地方地刚被刨开，像咧着的伤口。有一块巨大的坚石用水泥台围了，有两位尼姑坐在台上歇脚。有的藏民路过时会停下来片刻，望那石头的眼神，就像在怜悯地看笼中的兽。一鸣告我，这就是《风停了》中画的那块石头，尽管他不知道这石头的来历，但他看第一眼时就知道它是有故事的。一鸣若有所思地说："能入画的石头并不多，就像能入画的人不多一样。"

　　沿着阴影下长长一排惯性旋转、咯噔噔回响的金色经筒往闹市方向走，大齐无意中讲了一个很打动我的细节：有一年冬天他们

贡代师傅闲暇之时也会好奇地拿着其中某一位的相机摆弄几下。
左起：范一鸣、贡代、林谦、李汇洋、张占山。

（左上）正旦吉的妹夫——英俊的藏族小伙儿和他的亲密伙伴，那天是他开着拖拉机把困在小河滩边无法蹚水而过的大伙儿拉到正旦吉家的牧场。

（右上）正旦吉的丈夫，热心又壮实的索东总是一脸的憨笑。

（左下）南君夫妻为远道而来的"亲人"接风。
左起：张占山、范一鸣、林谦、健健、南君大女儿、任放、南君、齐雨生、李汇洋。

（右下）贡代师傅姐姐家的一对可爱的孙儿，小脸小手脏兮兮，身体却特别结实健康。

来这里,在一个不见游客、香客也寥寥的清晨,头夜刚下过一场大雪,平时泥泞乌黑的巷子里铺满厚厚的积雪,走在上面咯吱作响,风阵阵刮来,吹起浮雪,发出细密的沙沙声。一鸣忽然想起什么,掏出了手机,一边走一边躬着身录音,回到车上,一声不吭地静静地听雪……

探　亲

　　玛曲，这个地名实在好听，异域味、祥和感，无论对唇还是对耳来说，感觉都宁静、沉稳、辽远、悠长，是汉语词中的长调。玛曲位于青藏高原的东端，甘、青、川三省的交界处，一鸣告我，玛曲在藏语里就是黄河的意思；准确地讲，是"孔雀河"的意思，指的就是汉人说的黄河。

　　从夏河去玛曲，穿越天高地远的桑科草原，群山环绕，大夏河水流淌，山崩似的白云在辽阔碧绿的阜甸上翻滚，光影瞬息万变，让人瞠目屏息；然而野花照开，牛羊不惊，路边不时有拼成各种几何图案的油菜花地。远远望见乱石滩上有几十位藏民围在一条溪水的拐弯处弯腰盥洗，一鸣说，贡唐老活佛曾在那里洗浴过，所以当地人相信那里的水有疗病的神力。车在一片山坡下拐弯，坡上不见草被，裸露出红土，散立着几座不高的井塔，山坡下就是牧民的帐篷，不知愁滋味的牛羊懒懒地吃草，恢恢地打盹。林谦说，他听当地的牧民讲，这里本来在修穿山公路，结果挖到了金矿，于是公路到此半途而废，疯狂地挖起金矿来，破坏草原的植被不说，而且眼见快要挖到神山，于是藏民们自己组织起来保卫神山，跟采矿者发生了流血冲突……"我们的消费都已到了浪费的程度，为什么还这

雨过天晴之后，坐上正旦吉妹夫的拖拉机，大家喜笑颜开。
左起：正旦吉的妹夫、南君的女儿、张占山、贡代、李汇洋、余泽民（前中者）、任放（后中者）、齐雨生、林谦、范一鸣。

大家呼哧带喘地奋力拉车。

么贪得无厌？为什么不能留下这些给藏民的后代？"林谦的口气里带着愤懑和无奈；一鸣隔着车窗举起相机。我不相信他会把块疮疖似的山坡绘到他的画布上，但无疑会存在他的记忆里，表现在某个人物的眼神里。

　　一鸣说，近些年来旅游的人越来越多，当地藏民对内地人的态度也发生了改变。2000年他第一次来，为路上偶遇的一个小牧童拍照，女孩毫无戒心地将他们带进村子，村里的藏民都围过来跟他们打招呼，把远方的陌生客拉进家门，热情端上酥油茶。画家们给他们拍照，跟他们攀谈，走时留下路上带的食物。但是五年后，跨进一个家门要交50元，拍一张照片要交10元，而且不再跟他们交谈，让人想起罗大佑写的《台北七十二变》。这是一个无奈的事实：文

南君（中间者）和家人在制作香溢的奶渣。

在自家牧场上拾捡干牛粪的正吉旦。

明也会破坏性地入侵。

　　路过尕海湖，画家们抱着相机跳下车，山水相连，云雾难分，天光云影，水墨质感的湿地星星点点，无波的湖面上传来啾啾鸟鸣，用"仙境"来形容太落俗套，但词语枯竭，实在想不出更好的形容。但是就在不远的湖畔正在兴土木，不用说，这里也清净不了几天了，仙境将变成度假村，只剩下喂养的湖鸭。不知道是谁说了一句："抓紧再来两趟，过两年就不来了。"显然这是一句懊丧话，不是以后不想来，而是怕抹掉记忆中的藏区。

　　车刚开到玛曲县城的公路入口，一对年轻夫妇早等在路边了。眉目清秀的藏女南君，是当地文工团的舞蹈演员，说话的时候眼神熠熠，温暖的目光直透人心。健健是南君的丈夫，大名王永刚，是随父母入藏的汉族孩子。真是一方水土养一方人，从小在高原长大的健健，除了身材瘦小，看上去跟藏民没什么两样，更准确地形容——壮年的健健，就像一个憨厚、热情的藏族少年。南君和健健，都是林谦结下多年的朋友，听一鸣讲，林谦还是他俩的媒人。每年他们一行来玛曲，夫妇俩跑前跑后地照应，帮助远道而来的画家们找可能入画的藏民形象；而他们的亲友到了北京，林谦也会像待亲戚一样地尽地主之谊。夫妇俩把我们送到旅馆，我们刚撂下行李，他们就立即拉我们去他们家做客，按照藏民的习惯，酒肉早已摆了满满一桌……

1996年，林谦第一次到夏河采风，他在寺院前的河边遇到了一位正在洗衣的藏族少女，少女发饰、服饰、容颜和体态的美一下子吸引了爱美的画家，但是当他举起相机时，女孩害羞地用袖口捂住

放牧藏人临时搭建的窝棚是用牦牛毛编织而成的，防风防雨还保暖。

了脸……过了几日,林谦又在河边散步,再次不期而遇,这次女孩没有躲,不仅大方地让他拍照,还用磕磕巴巴的普通话跟他聊起天来。这个藏女的名字也很美,叫正旦吉……从那之后,林谦每年来甘南都会找她,正旦吉不仅自己入了林谦的画,还热情地带他去亲戚朋友家,后来女孩嫁到了玛曲,林谦也跟着深入到牧区。

  2004年冬天,一鸣只身到藏区采风,在扎布楞寺外的一个小饭馆里跟林谦、张利等几个画友不期而遇。在那之前,林谦跟一鸣有过一面之交,不是很熟。一鸣跨进饭馆时,林谦他们刚刚吃完,大家招呼一鸣过来坐,并张罗着要再点两道菜。一鸣说:"不用,不用,我吃剩的就行。"于是把桌子上的剩饭吃掉了,而且吃得很香。人跟人交心,有时需要风风雨雨,有时只通过这样一个不经意的细节。林谦回忆起这件事说:"我当时就觉得,这个人很对我们的路子!从那之后,一鸣加入到我们的队伍,每年都一起到藏区。"

  南君是正旦吉从小的伙伴,有一年画家们又到藏区,正旦吉在外地,便委托南君代她接待,这样一来两去,南君也跟这帮画家结下了友情。那时候,健健还是青春小子,对漂亮的南君偷偷地爱慕但不敢言,还是林谦帮他捅破了那层窗户纸……如今他们俩的孩子都上学了,他们跟画家们名副其实地亲如一家。

  有一年,正旦吉重病做了手术,远在北京的画家们格外挂念,大家凑了一笔钱汇给她,正旦吉感动得视他们为恩人。另外,一鸣他们还经常捐衣捐物,攒到一起寄到牧区,接济生活艰苦的藏族朋友。

我们到玛曲的第二天上午，健健和南君带我们去正旦吉家的夏季牧场。那天下雨，草原松软、泥泞，大片的水洼，贡嘎师傅吃力地驾车如走雷区，正旦吉的丈夫索东骑摩托车在前面带路。雨越下越大，草甸子变成了一片沼泽，车轮不时地陷进泥坑，轰轰空转，大家兴奋地跳下车手推绳拖，嘴里嘿哟嘿哟，颇像小时候在电影《战洪图》里看到的场面。

面包车开到一条小河边停下，河水湍急，一条摇摇晃晃的铁索桥连接两岸，正旦吉的妹夫扎西开着拖拉机赶来接应。过桥后，我们爬进拖拉机的拖斗，一路颠簸，感觉人要散架，肠胃翻腾，脑仁震荡，占山带头跳下车，跟野孩子一样大呼小叫地奔跑起来……雨基本停了，云层变薄，天光渐白，大草原绿得晶莹透亮，各色的小花在雨后盛开，许多土鼠从这个地洞钻出，跃入另一个地洞，远看就像波浪一般。记着扎西的叮嘱，只要盯着不远处的炊烟走就不会迷路，那里就是他家的牧场。李汇洋说，他1985年读书时就到过敦煌和甘南，那时藏民还是自由放牧，没有各家固定的牧场，牧人都骑马佩刀，更有神秘感。

离那缕炊烟越走越近，看到正旦吉和她的姐姐、孩子们翘首等在牧场围栏的木门下，远远在向我们招手。南君说，为了迎接北京的贵客，正旦吉昨天特意让索东宰了一头羊，这该是草原上的藏民们对客人最高的礼遇吧。正旦吉长得不仅好看，而且耐看，双眼皮

主宾相对席地而坐,分享着主人特意为他们宰杀的肥羊和美味的各种藏式食物。

很大,睫毛很长,眼神温暖,腼腆羞涩,不过由于常年的劳作,还有在低矮帐篷里弯腰的习惯,她的背驼得很厉害,但头颈上昂,感觉像背着一个无形的背篓。帐篷不是常见的白色,是牦牛毛做成的黑帐篷,帐篷里的草地相对干些,浓烟缭绕,呛得人咳嗽;烧牛粪的陶土炉并没有烟囱,帐篷顶中间有一道缝,烟就从那里冒出去。

羊肉面、手抓肉、滚烫的酥油茶、夫妻俩现做的甜糌粑,虽然肉有些难啃,茶有点膻腻,但画家们还是吃得比什么都香。饭后,姐妹俩到帐篷外挤牛奶、拾牛粪,彪悍的索东骑马去放牧,画家们以最近的距离捕捉他们最生动的瞬间。

闲谈中,我跟林谦聊起绘画,他说:"在老范的画上,每种颜色的纯度都不是那么高,整体苍凉浑厚,反映出藏民族和青藏高原的沉实、质朴的精神。常去藏区并对那里的人和事有所了解的人，更能从老范的画上感到内心的共鸣。跟一鸣的画比，我的画是小提琴，他的画是钢琴；我的画是轻音乐，他的画是交响乐……"不管他们用哪种乐器演奏，用什么形式演奏，让我觉得很享受的是，我看到了给他们灵感、刺激他们创作的源泉之美。

  正旦吉家的夏季牧场就在黄河第一曲旁，走五分钟就能到悬崖似的岸边。扎西牵来一匹白马让大家骑，但谁骑都像被PS上去的，不是勒马的胳膊僵硬，就是豪迈得做作，只有身穿藏袍的扎西和皮肤黝黑的贡嘎师傅骑在马背，就连眼神和呼吸都跟白马长到了一起。当然，PS也是种艺术手法，近几年对藏区题材倍感兴趣、被藏族人的自然生活与宗教气质所吸引的占山，正是用这种手法表达内心的致意。他用手机给我们看了一幅他刚完成不久的新作：他把自己也画进了一幅相当正能量的藏人群像里，并给自己斯文、光洁的都市人脸上添加了质朴的高原红。

  在玛曲我们住了一周，离开之前，南君和健健生拉硬拽地将我们拖进一家餐馆为我们送行……回到北京后，有一天一鸣在不经意中说了一句："那天南君他俩回家大哭了一场……"我听了这话鼻子酸了一下，明白了一鸣他们为什么每年都要去两次藏区：确实不仅为了搜集创作题材，还为了探亲。

太阳雨

音画同源，在一鸣身上最有体现。在甘南跟他同行同住的几天里，我就发现他是一个可以许多天不摸画笔，但一天都不能不听音乐的画家。他的手机里下载了他常听的音乐，比如圣桑的小提琴曲《影子与回旋》和管弦乐作品《死之舞》，比如雅克·奥芬巴赫的大提琴曲《杰奎琳的眼泪》，他尤其喜欢杰奎琳·杜·普蕾的演奏，能让他听到云的变幻，听到透过大块叠错的浓云射出的一丝光……

从甘南回来后，有一次他请我为他"蓝色时期"的一幅旧作重起个名字，在我脑际闪现的第一个词就是——《听云》。

　　除了听音乐，一鸣也爱看电影，我让他为我推荐几部，他张口就说的三部片名是让-皮埃尔·热内导演的《漫长的婚约》、吕克·贝松导演的《喜马拉雅》和反映人类进化与文明困惑的《天地玄黄》。想来《天地玄黄》最能反映一鸣对世界的看法和对艺术的态度，世间万事万物的发展都逃不脱宇宙规律，事物的成住坏空，人类的生老病死，当代艺术浮躁短寿，搞艺术的人由于急功近利，总想出奇制胜，极力否定一切，破坏一切……不过在他看来，这一切可以理解，"因为艺术是人类精神状态的具体体现形式"。只是他自己不愿意这样，宁愿游离在花坛的边缘做孤独的守望者，也不愿意卷入时尚的大潮。他相信古典的价值、原始的生命力和信仰的力量，至少在守望他自己存在的空间里。

听云
65cm×100cm
2011

惊蛰
80cm×80cm
2005

老师魏翔镜头下工作中的一鸣

在一鸣看来,人是应该有敬畏的,应该有精神生活,应该让精神生活高于物质生活,应该在精神与物质之间为自己找到一个存在的位置并平和地生活。所以他羡慕西藏人与自然的关系和对生活的态度,草原牧民活得简单劳累,但和平幸福,他们的幸福指数并不比疯狂消费的都市人低,他们的情感能力更不比沉溺享乐的富贵人小。有一件事很让一鸣感动,去年一鸣的父亲不幸病逝,远在夏河的贡代师傅得知后,请拉卜楞寺和其他几座寺院的两千多位僧人咏经十日,为老人做超度。在那个非常时刻,这在很大程度上慰藉了一鸣和他的家人。

感受到这束天光的隐喻，便看懂了这幅画。

云开
50cm×130cm
2013

喇嘛在精心制作供奉神灵的酥油灯。

在玛曲的时候，那里正举办盛大的格萨尔赛马会，画家们整整三天泡在赛马场外拍照。有一天正午，突然下起了太阳雨，雨点里还夹着豌豆大的冰雹。别人捂着脑袋找地方避雨，一鸣乐呵呵地站在那里并伸出张开的手掌。冰雹打在他的手上，他憨笑着跟我说了一句："嘿嘿，有点疼。"那一刻，我也很快乐，因为知道朋友在以这种特殊的方式，跟我分享自己内心的喜悦。

慢

　　张洁说，一鸣是个慢性子，做什么都不紧不慢，没有时间概念，有时候慢得叫人搓火。有一次，她买了一块五花肉回家，让一鸣去公用水房里洗一下；当时，这对新婚的小夫妻租住在理工大学家属宿舍的筒子楼里。一鸣痛痛快快地答应了，捏着五花肉出去了；可过了半天，张洁左等不来，右等不来，最后她耐不住性子去看究竟……原来，一鸣觉得肉皮上有油，正淋上洗涤灵用刷子刷呢。

　　一鸣慢，我写他也写得很慢。最初，只是想写一篇两三千字的专栏文章，写我与他那次愚笨的初次约会，没想到后来越写越多，发现一鸣身上有许多可聊可写的故事，虽没有梵·高割耳朵那样的

可丽儿
（富梅的女儿）
73cm×53cm
1992

极端情节，但一鸣也经历过难以言说的生死洗涤，许多经历表现在画里，表现在画上人物的眉宇间。一篇文章或许可以速写般勾勒出他阿甘似的外形，但远不能触及这位画家的生活内核，即使花近两年的时间写成这部画传，也只能说是努力接近他创作的"心源"。

一鸣不善沟通，尤其不善电话、微信这类"不面对面的沟通"，在这种时候，张洁就自然而然地充当了丈夫的声音。有一次，我人在布达佩斯，发了条微信给张洁，向一鸣求证两个细节。过了一会儿，传来三条微信，都是一鸣的声音，但一句话说了三遍都只说了个开头。下一条微信是张洁来的，她一边咯咯地笑一边数落丈夫："让他用微信说句话怎么就这么难啊，一句整话都说不出来……你瞧他，越是说不出来，还越使劲地吃坚果，就好像吃了就能说出来似的。"我在万里之外也笑得喘不上气，我能想象出一鸣此刻一脸无辜的憨笑表情。从那之后，一鸣再不直接在微信中留言，而是在张洁播音员般清晰的话音背后喊喊喳喳，说得很慢，但吐字很急，我能想象出他跟我一样说话皱眉的认真表情。

　　魏翔也说，一鸣是个慢性子，画画极慢，通常一幅小画用三四个月，一幅大画花十个月到一年；张洁也说，一鸣画画像是自虐，我们看到的一片云，他可能已经刮了又刮、洗了又洗地已经重画过一二十遍，反复斟酌云块的大小、位置和颜色；一鸣自己也承认，《祈福》那幅画上的两位藏女的裙子皱褶，看似几笔挥就的大写意，实际上他画了好几十遍，那幅画他前后用了近一年时间才完成。张洁说，一鸣创作一幅画的时间很难确切计算，也可以说"永远不会完成"；他经常在画别的画时，突然想起什么，翻出一幅旧画十分投入地修改，除非画作不在身边。我问他，他画画这么慢是不是因为很享受这种创作的过程？他说哪里是享受，简直是折磨，经常在刮洗的时候烦躁得想要把画布捅破，撕掉……好在创作也有柳暗花明的时候，只有自己告诉自己作品已经完成时，才会感到成功的欣悦。

当然，一鸣画画不是没有快过，在北漂的时候，有一次三个月画了约二十幅画！但事后想来，他不但没有成就感，相反成了一桩自觉羞窘的荒唐事。

1991年，一鸣离开美院，整天跟王明月混在一起。明月比他年长五岁，在一鸣眼里是"很哥们儿的大哥"；而王明月还没到而立之年，已经是两岁女儿的奶爸了，一方面做纯精神的艺术梦，同时要纯现实地养家糊口。当时北京"面的"很多，王明月借钱也买了一辆，计划用它出去拉活儿，补贴家里开销。但搞艺术的人，下了决心却抹不开面，于是采取自欺欺人的逃避法。他经常一大早开着车离家，跑到一鸣租的平房里倒头大睡，醒后跟一鸣聊画论艺直到天黑，之后硬着头皮开车回家。挣到钱了吗？女人问。挣到啦！男人答。钱在哪儿呢？女人追问。罚啦！男人重复鬼才信的台词。现在他们说起来像说笑话，但仔细想想，理想主义者遇到现实问题，低头不低头都让人心酸。

当时，一鸣虽然还没有像朋友那样养家的负担，但作为北漂，他也得挣钱养活自己。有一次,热心的台湾太太富梅为他俩联系了一位美国画商迈克,答应在上海为他俩办画展,给他们三个月时间,每人要出二十幅画。于是,两个人在协和医院的职工宿舍楼里租了一个半地下室,晚上是一鸣的卧室,白天是两人的画室,不分昼夜地坐在画架前,感觉就像毕加索当年在蒙马特尔山丘上的"洗衣舫"里挑灯夜战,所不同的是,毕加索是创作,他俩是在赶工。好几次,明月为了不让自己睡着而没话找话地给自己提神,但说着说着,才发现坐在画椅上的一鸣已经耷拉着脑袋睡着了。他俩没空吃饭,也没钱吃饭,王明月的爱人志英就经常蹬着自行车骑出十站地,从陶然亭赶到协和医院给他们送馒头、熟食或刚烙好的大饼,由于惦着家里的孩子,有时连"画室"都不进,敲敲半地下室临街的小窗,像探监似的把吃的东西递进去。"幸好咱们没坏事好干,不然……"两个男人吃着香喷喷的大饼,开着没心没肺的玩笑,心里感到很幸福。

三个月过去,两个人共画了三十六幅胡同风景。也许在外人看来,这一系列小幅画作基本功扎实,充满忆旧情调,作为家居装饰也颇为养眼,但是一鸣自己跟自己过不去,在他看来,这三个月只有绘画的过程,不是创作的过程,那些作品不过是只求数量不求质量的应景作,所以竟羞得不愿署字,只签卜姓名的拼音字头。

展期将至,两个人乘火车赶赴上海。列车驶入江苏境内,一鸣闭着眼在补这三个月的觉,第一次去南方的王明月则兴奋不已地趴

暖寒
100cm×100cm
2014

融
114cm×100cm
2014

在车窗眺望风景，当他看到铁轨沿线从水中冒出的一幢幢房子时忍不住大喊："看哪，水乡！水乡！"

一鸣不情愿地睁开眼睛，瞥了一眼窗外，皱了皱眉头哭笑不得地回敬说："你再好好看看，这哪里是水乡？这是发大水啊！"明月定睛再看，惊得屏住了呼吸。果真，白墙黑顶的房子大半泡在水里，只露出房顶，房顶上还蹲着等待救援的灾民。

两天后，暴雨阻断了上海的交通，也使两位画家的美梦泡了汤。由于外国人纷纷离沪，前来观展的看客寥寥。两个年轻人明白卖画无望，钱又耗尽，只好从百乐门大酒店搬到一家最廉价的、没有卫生间的小旅馆，忍受上海烤炉似的闷热。后来，幸好迈克最亲近的几位朋友捧场性地购下了几幅画，总算雪中送炭，不仅让他俩搬回百乐门享用了酷暑下的空调，还赚到了回京的路费。他俩搭乘游轮从上海经大连到天津游览了一圈，直到将口袋里的最后一张钞票花掉，这才心满意足地回到了北京。

从那之后，一鸣但凡能有一口饭吃，就再不做这样让自己汗颜的事，他只想画有自己想法的画，画能激起理智与情感涟漪的题材，画自己舍不得卖掉的画。

他画得很慢，有的画，从构思到完成要用几年时间，但在他的内心，就像一位磕长头的朝圣者，沉静、耐心、虔诚；真正的意义在过程中。慢慢地，他养成了习惯，不看市场，不关心潮流，不掐算时间，不经营名利，躲在画室成一统，做倾听心灵的大隐者。

大隐者

　　一鸣的画室，闹中取静。画室里的布置，使人一跨进门槛，就隔绝了外界时空，仿佛进入了色彩的寺院，艺术的殿堂。从上世纪九十年代的北漂到现在，一鸣经历了生活的喑哑和风风雨雨，画里的他增添了许多粗粝和对人生的拷问，但画外的他则变得更加纯净简单。别看生活中一鸣大大咧咧、随随便便，但在画室里保持了绝对的秩序，一尘不染，东西布置有序。画笔按照自己的习惯排列，整齐地摆放在自己用硬纸壳做成的笔架上，油画颜料也按色系摆放，即使在画画过程中也从不打乱，整齐得有点强迫症。有一次，一鸣的画家朋友刘瑞春趁他转身出屋，迅速调换了几支颜料的

天音
60cm×146cm
2014

顺序，观察一鸣的反应。过了一会儿，一鸣回屋，喝茶聊天的过程中，毫不经意地顺手把被打乱的顺序调整了过来，脸上并无丝毫的惊讶。朋友说，一鸣的秩序是内在的，艺术使得他目中无它。

王晓耘是一鸣和张洁的老同学，他对一鸣画室的描述十分传神："范一鸣的画室极其干净，没有多余的一块布头或残留的一块颜料。这让我想到多年前他打理行李箱的绝技：一地板的东西都能打包进小小的行李箱。我们的人生有太多的东西要打包，要整理，要舍弃，才能继续往前走，而对范一鸣来说，人生只要用心消化，将复杂的一切消化为简单，正如他的油画。"一鸣确是这样，大智若愚，大方无隅，他不是一个聪明机智的入世者，但他又是这个世界里绝对的强人，总能以绘画本真的"不变"应世相残酷的"万变"。

说到打理行李，张洁又想起一个细节。许多年来，张洁的父母每次来北京住段时间后，离京回老家之前，都喜欢让女婿帮他们装行李箱。一鸣会像科学家一样先认真地设计出一个具体的摆放方案，随后大致"预装"一次，之后再把东西掏出来重装，重装的时候调整他发觉不合理的地方，直到充分利用了箱子内的所有空间为止，不仅不嫌麻烦，好像还很享受，享受这个内在秩序实现的过程，他的秩序癖和洁癖如出一辙。

魏翔拍过几张一鸣画室的照片，说"不相信世界上会有第二个像一鸣这样有洁癖的油画家"，他每次画完画，连调色板都要洗得

在紫砂壶不小心摔成几瓣之后,一鸣用黏合剂把碎片重新粘上后发现中间的碎片已经粉碎,无奈之下灵机一动把绿松石嵌于其中。

一鸣当年绘制的G2相机使用快捷表

一鸣绘制的旅行行程表

都跟新买的一样；在画架旁的地板上铺着一张席子，席子上有枕头和毛巾被，他说他画累了就势躺下去睡会儿。但我不相信他会"就势"躺下，因为床铺上干净得不见一丝颜料的痕迹，躺下之前，他肯定会一丝不苟地擦拭一番。我小的时候有过一个梦想，梦想自己穿着蹭满各色颜料的白大褂站在山坡上写生……可一鸣不是我想象中的画家，洁净有序得近乎强迫症。

"范一鸣的绘画给人感受深刻，冲击力强，他关注的是人的本我，即关注人性的内涵。画面的形式感比较强，细部的肌理上做得也非常到位。从画面上可以看出范一鸣做事的状态非常投入。"看来画家蒋焕很了解他，一鸣对细节的追求跟他的做事的态度是一致的。

一鸣的家和画室不仅干净有序，而且每个犄角旮旯都经过了设计，每样陈设不是主人亲自动手做的，就是精心挑选的——装笔用的是酥油茶陶罐，板凳是一个造型根雕，生铁的橱架跟他金属的手机壳一样乌黑冷酷。凡是到过一鸣家的人，都会赞叹他的细致和品味，他的洁癖和秩序强迫症的根源是尚美强迫症。

在一鸣的画室里，放了一台体积袖珍但音响效果很好的CD机。他进画室的第一件事，就是选择唱片，播放音乐，为自己营造一个隔绝尘世的内心氛围。摇滚他早已不听了，人到中年的一鸣，现在钟爱苏州老先生管平湖录制于上世纪五十年代的古琴曲。寂静中，嘹亮、雄浑的散音洪如铜钟，如珠玑透明的泛音细腻丰富，轻清松脆的高音则如风中铃铎，时而铿锵如敲击玉磬，时而宽阔辽远，轻柔如歌。一鸣作画，不能忍受有外人在场，即便张洁也算"外人"，他常深夜作画，不需要天光，音乐与他对话，代喑哑的他抒发内心，为画笔在画布上的沙沙细响伴奏。想当年，老先生的一曲《流水》曾被美国"航行者"太空船播向宇宙觅求知音；现如今，一鸣则向着自己的内心世界播放，呼唤那个真实的自己。

西洋乐里，一鸣爱听意大利格里高利时期的宗教音乐，还有巴洛克音乐，对巴赫的无伴奏大提琴曲百听不厌，尤其喜欢罗斯特罗波维奇和卡萨尔斯演奏的大提琴曲。贝多芬的所有交响乐他都默记在心，在生活中欲哭无泪的时候，他会像石头一样抱头独坐，听勃拉姆斯的《德意志安魂曲》。如果说，"小隐在山林，大隐于市朝"，那么一鸣就是一位隐于市的大隐者，音乐与绘画为他在闹市里筑建了一个属于自己的星球。一鸣从不问时尚，从不追流行，从不算效率，从不计成本；这几年，他甚至干脆不再卖画，想沉下心来，别无杂念地只为自己创作，看自己的灵魂能走多远。

魏翔也说，一鸣是个"大隐者"，虽然置身于尘世，但他的活着是"悬空的"，跟日常生活保持了不可思议的距离。朋友们吃饭，魏翔故意为难他，说"谁对这一餐的价格猜得最离谱，谁就为这桌饭买单"，结果总是一鸣猜得最离谱。魏翔说，一鸣脑子里只有西藏和他的艺术。

张洁说，别看生活中的一鸣好脾气得像个软柿子，创作中则

张利近照

盛装苗女
张利作品
60cm×80cm
1992

玉树汉子
张利作品
120cm×1000cm
2012

是自己的君主。他画画时禁闭自己最主要的原因，就是不能忍受别人的评论和指点，即使妻子也要慎言。张洁笑道："他只有在觉得作品可以示人的时候才偶尔征求我的意见，而且还要小心翼翼。"我想，为自己负责，即为艺术负责，这是一位纯粹艺术家的创作态度；相比之下，那些揣测观众喜好、辨识收藏风向、嗅闻市场潮腥的画家是为别人创作，为名利创作，无形中会远离可能的自己。

朝　圣

　　美术家韩卫华在为范一鸣的画册撰写的前言中这样写道："范一鸣的作品，陡然生涩地出现在眼前，坚硬得如同一块顽石，灰头土脸，却又充满元气。仿若殉道者一般，艰难前行，却闪烁着理性的光芒……命运冲出肉体的束缚，飘向非现实的时空。也许是这一度有过的天堂无边浩瀚的美丽使一鸣迷惘，使得他在反复描绘罩染的过程中品味着那份来自人物自身的苦涩和沉重，也使得画家的劳作过程本身具有了更多的精神意义，他在情感体验的过程中做着语言个性化的努力，使自然之物在艺术创作中真正回到自然。"确实，在"绿色"成为噱头、"回归"成为广告词的消费自然的时

张利老师、柏克夫妻在茶室畅聊。

代,一鸣的回归是真正的回归,回归到不矫情的艺术,回归到身心与作品融为一体的创作,回归到自然人有敬畏的纯洁。

尽管一鸣自己并不笃信哪种形式上的宗教,但他信命运,信天意,信精神,并坦然接受,虔诚守望。他信古琴表达的那种"中正平和"与"清微淡远"。平日里,他大隐于都市,不闻喧嚣、不谙世故、不问时尚、不记路名、不看站牌地穴居在他一尘不染的画室里,用笔和油彩在画布上匍匐,走自己虔诚的朝圣路。

我第一次见到一鸣时,他正在重画一幅十多年前的旧作《朝圣之路》。我问他为什么重画,他解释说,朝圣是他最重要的创作选题，千禧年第一次从西藏回来，就构思了这幅作品，但只画了一个小幅的，现在回头来看有许多自己不满意的地方，当时对人物的表现手法也相对简单；现在，无论技法、感觉，还是内心理解，都经历了十载的成长历练，有能力让自己的画作更趋于自己的艺术理想。

《朝圣之路》是他至今为止尺寸最大、人物最多、表现最凝重、投入时间和心力最多的作品：高原上，云压得很低，几位如山石一样的男女和孩子镇定、警惕、勇敢地在守卫着什么。对比十年前的小幅原作，画家和画中的人物在一同成长，变化主要发生在那些眼神上：少了疑惧，多了坚定；喑哑的期待，已变成沉默的等待。

魏翔对《朝圣之路》有独到的见解。他说，不管一鸣创作时想还是没想，但他作为观赏者看这幅画，感觉到了画中的隐喻："你看这个男人，淡定、无畏地站在最前面，脚板坚定，像狮子王一样护卫着女人和孩子们。他身边的男孩脚步半悬，略显犹疑，眼神不解地望着前方，但他的眼神里有困惑，却没有畏惧……站在男人身后的全部是女性，情态不同。站在最后的那位女孩年纪最轻，警惕回望，带着探视；站在中央的成年妇人环视四周，沉着镇静；穿蓝色藏胞的年轻母亲，画家故意让一绺头发遮住她的眼睛，但是通过露出的嘴形，我们可以看出她内心的担忧，她将婴儿紧紧地抱在怀里，这个婴儿，将是未来的狮子王。"

朝圣之路2002
97cm×146cm
2002

多年前创作的、曾经极让自己满意的《朝圣之路》，在今天看来竟有许多未曾刻画及触动的地方。十年间的人事变迁积攒了太多的感悟，似乎唯有通过手上的画笔才能够痛快淋漓地宣泄，所有这些最终促使我重新创作绘制这幅《朝圣之路》。

——范一鸣

朝圣之路2012
0cm×146cm
12-2013

雨季来临
114cm×130cm
2013

中央美术学院院长范迪安老师在画室就一鸣的作品进行指导及建议。

魏翔认为,《朝圣之路》描绘的并不是藏民生活的一个具体情景,而是在一幅作品中描绘了藏族男人和女人的成长、神秘的气息、庄重的色彩、宏大的缄默、饱满的张力,它是藏族人集体生命的史诗般的影像。或许,这幅画就像高更那幅充满哲理的代表作《我们从哪里来?我们是谁?我们往哪里去?》……一鸣精细地刻画每个人物身上的每个细部,每件佩饰、每道衣褶、每缕头发、每条皱纹,用耐心无比地层层罩染,技法高超地营造气韵,让山石般静止的人物通过细部的写实有了精神与情感的呼吸,让赏画者也能

221

感受到感官的震撼和心灵的共鸣。魏翔认为，这是一鸣至今最重要的作品。

我不知道大隐于市的一鸣是否也有高更的那种遁世主义倾向，我没问过他；但是，他向往高原人那种简单、纯净、有敬畏、有救赎的人与自然的和谐相处，这是肯定的。正像张利老师所说："藏族人民是虔诚的，他们呈现给我们的整体形象是厚重的。作为画家，要用一颗虔诚的心去画他们，要选择最合适的艺术样式和绘画语言去表现他们，一鸣做到了，他用自己多年的创作实现了这一目标，实现了自己的艺术追求。他用自己的作品向人民展示了他的艺术才华，同时也让我们看到了一个艺术家的善良、虔诚和爱。"

2013年夏天，时任中国美术馆馆长、现任中央美术学院院长的范迪安先生在魏翔的陪同下登门造访了一鸣的画室。仔细看了墙上挂着、墙边靠着的作品后，他为一鸣对艺术的虔诚之心与执着追求所打动，肯定了他创作的高艺术水准，还跟一鸣就具体作品进行了探讨，特别对《祈福》中两少女长裙肌理的处理技法大为赞赏。真是慧眼识珠，要知道，就为了那看似一挥而就的粗犷几笔，一鸣曾画了刮、刮了画地反复画了几十遍……走到油彩未干的画架前，范先生望着《朝圣之路》沉默良久，突然深吸口气，转向范一鸣干脆地说："你自己就是在朝圣路上。"

舞　台

　　从甘南回来，一鸣真正把我当成了朋友，交流上的障碍越来越少。我接连去了一鸣家好几次，每次都坐在他工作室内的茶室里聊过午夜。

　　一鸣的四方茶室布置得很有格调，一套黑色、沉实的铁木桌椅，乌金石茶海是他从福建订制的，四只茶杯石托形色各异，都是他去藏区捡回来的。一鸣说，有一年他去甘肃夏河拉卜楞寺参加正月晒佛节，当时大寒地冻，气温只有零下十几度，到处都是冰雪世界。在离寺院不远的白石岩下，有一条溪水汩汩流淌，竟然没有结冰，透过冷冽的溪水，五颜六色的鹅卵石煞是好看，于是他下到溪

画室拐角的小
被一鸣布置成
室，专门用来
朋友们品茶
聊，推门而
时，一股淡淡
茶香扑鼻而来。

边，咬着牙把手伸进刺骨的溪水中捞了几块，揣到兜里。沿着溪水走出一段，看到水底有更好看的鹅卵石，他想喜新厌旧地腾空口袋，可刚才揣进的几块石头已经跟衣服冻在一起变成了冰坨。想来这也是上天的意志，他心里暗想。就这样，他将冻在兜里的石头带回北京，摆到了他的茶桌上。

为了衬托这几块古朴的藏石，一鸣特别用手撕了四块长方的亚麻画布，并用丙烯颜料染上相配的颜色，垫在当茶杯托用的石头下面，格外雅致古朴。四块石头中，摆在朝窗座位前的那块石托相对规整，似乎经过人工打磨，那个位子是女主人的专座，即使张洁没在，男主人也会一脸歉意地将误坐那里的客人请到旁边的椅子上，空出座位给万一想过来坐坐的妻子……从这个细节可以看出，一鸣还是一个暖男。

在茶室的墙上挂了几幅画，有他最近新画的《雨季来临》《藏北牧童》和描绘一对怀抱婴儿的藏族夫妇的《雪域吉祥》，还有前些年画的《磕长头的老人》和《不息的仰望》。《磕长头的老人》是一幅他平时很少画的肖像作品，尺幅不大，近距离刻画了一位沧桑老人

格桑花（待定）
60cm×80cm
2015

在拉卜楞寺的街道上，一鸣和罗泽老人又一次相遇，两人像昨天还在一起的老友似的简单地交谈几句便互道珍重，挥手告别。一切都显得那么安然、轻松。

磕长头的罗泽
100cm×100cm
2006

面孔的局部：白发银髯，年轮密布，目光明澈，神态虔诚，磨出厚厚几层老茧的额头上沾着一根干草。不用说，这张脸的背后肯定有故事。一鸣讲，这位名叫罗泽的老人来自诺尔盖草原，他不仅每年都花几个月时间一路磕着等身长头去神山和圣地，而且变卖家产、农场捐奉给寺庙。一鸣每年都要去两三次藏区，跟这位老人相遇过好几次，令一鸣感动和震撼的是老人的眼眸，虽然他一年比一年衰老，目光却一年比一年明亮和坚定。终于有一次，他再也克制不住要画他的愿望，他在画布上记录的并不仅仅是一个人的面孔，更是支持高原民族存生的信仰力量。一切柔静生命的悲壮苍凉，因孤寂而变得沉重。

《雨季来临》画的是一个在莽原上踯躅的少年，应该是早春，牧草还没有长出来，冰雪初融，积成水洼，少年不经意地低头，看到落在水洼里的一滴雨水。雨季降临，春天将至，草原将复苏，希望在滋长。

茶室内光线幽暗，顶灯聚光在茶海上。我和一鸣隔"海"对坐，都隐在半明半暗的光影里，既像围坐在袖珍舞台边的观众，又像坐在一个没有观众的舞台上，说话声很低，兴奋点重合，彼此都摸到了对方的脉搏，我语塞的时候是他口齿流利的时候，他开始沉吟的刹那我突然思绪爆发，聊西藏，聊艺术，聊不大合时宜的生活观，聊逆时尚而动的精神理想。在四壁上高原人沉默、信仕的注视下，就像两个健谈的哑男一样眉飞色舞地做口型，打手语，默契地达到不可思议的语速……

吉祥雪域
130cm×114cm
2014

图书在版编目（CIP）数据

一鸣西藏：油画家范一鸣的艺术与生活 / 余泽民著.
— 济南：山东画报出版社，2016.4
ISBN 978-7-5474-1809-3

Ⅰ.①一… Ⅱ.①余… Ⅲ.①范一鸣 – 传记 – 画册
Ⅳ. K825.72-64

中国版本图书馆CIP数据核字（2016）第048812号

责任编辑　怀志霄
装帧设计　张　洁
主管部门　山东出版传媒股份有限公司
出版发行　山东画报出版社
　　　　　　社　　址　济南市经九路胜利大街39号　邮编 250001
　　　　　　电　　话　总编室（0531）82098470
　　　　　　　　　　　市场部（0531）82098479　82098476（传真）
　　　　　　网　　址　http://www.hbcbs.com.cn
　　　　　　电子信箱　hbcb@sdpress.com.cn
印　　刷　山东临沂新华印刷物流集团
规　　格　170毫米×228毫米
　　　　　　15.5印张　218幅图　150千字
版　　次　2016年4月第1版
印　　次　2016年4月第1次印刷
定　　价　98.00元